| 新型工业化丛书 |

跨越发展

全球新工业革命浪潮下中国制造业发展之路

张小燕　潘　文　著

电子工业出版社
Publishing House of Electronics Industry
北京·BEIJING

内 容 简 介

新工业革命背景下，如何推进制造业跨越式发展成为广大发展中国家关注的热点。本书介绍了全球新工业革命的新进展与新趋势，分析当前跨越式发展面对的机遇和挑战，研究产业科技创新、产业链供应链演变、企业竞争范式转变、先进制造业与现代服务业融合发展等方面对制造业跨越式发展的促进作用，进一步梳理主要工业化国家推进制造业跨越式发展的思路和举措，总结多年以来中国推进制造业跨越式发展的经验并提出下一步的发展建议。

本书可为从事制造业研究、政策制定、企业出海、国际合作等领域的专业人士提供参考借鉴，也可为相关政府部门、科研院所及相关机构探索如何推进制造业跨越式发展提供有益参考。

未经许可，不得以任何方式复制或抄袭本书之部分或全部内容。
版权所有，侵权必究。

图书在版编目（CIP）数据

跨越发展 ： 全球新工业革命浪潮下中国制造业发展之路 / 张小燕，潘文著. -- 北京 ：电子工业出版社，2024. 11. -- （新型工业化丛书）. -- ISBN 978-7-121-49225-9

Ⅰ．F426.4

中国国家版本馆 CIP 数据核字第 2024UP0734 号

责任编辑：关永娟
印　　刷：三河市良远印务有限公司
装　　订：三河市良远印务有限公司
出版发行：电子工业出版社
　　　　　北京市海淀区万寿路 173 信箱　　邮编：100036
开　　本：720×1000　1/16　印张：13.5　字数：259.2 千字
版　　次：2024 年 11 月第 1 版
印　　次：2024 年 11 月第 1 次印刷
定　　价：79.00 元

凡所购买电子工业出版社图书有缺损问题，请向购买书店调换。若书店售缺，请与本社发行部联系，联系及邮购电话：（010）88254888，88258888。
质量投诉请发邮件至 zlts@phei.com.cn，盗版侵权举报请发邮件至 dbqq@phei.com.cn。
本书咨询联系方式：（010）88254154，guanyj@phei.com.cn。

新型工业化丛书

编 委 会

主　编：张　立

副主编：刘文强　许百涛　胡国栋　乔　标　张小燕
　　　　朱　敏　秦海林　李宏伟

编　委：王　乐　杨柯巍　关　兵　何　颖　温晓君
　　　　潘　文　吴志刚　曹茜芮　郭　雯　梁一新
　　　　代晓霞　张金颖　贾子君　闫晓丽　高婴劢
　　　　王高翔　郭士伊　鲁金萍　陈　娟　于　娟
　　　　韩　力　王舒磊　徐子凡　张玉燕　张　朝
　　　　黎文娟　李　陈　马泽洋

序言
Foreword

工业化推动了人类社会的巨大进步，也深刻改变着中国。新时代新征程，以中国式现代化全面推进强国建设、民族复兴伟业，实现新型工业化是关键任务。党的十八大以来，习近平总书记就推进新型工业化的一系列重大理论和实践问题作出重要论述，提出一系列新思想新观点新论断，极大丰富和发展了我们党对工业化的规律性认识，为推进新型工业化提供了根本遵循和行动指南。2023年9月22日，党中央召开全国新型工业化推进大会，吹响了加快推进新型工业化的号角。

实现工业化是世界各国人民的期盼和梦想。18世纪中后期，英国率先爆发工业革命，从而一跃成为世界强国。19世纪末，德国、美国抓住第二次工业革命的机遇，也先后实现了工业化。世界近现代史反复证明，工业化是走向现代化的必经之路。习近平总书记强调，工业化是一个国家经济发展的必由之路，中国梦具体到工业战线就是加快推进新型工业化。新中国成立以来，我国大力推进工业化建设，积极探索新型工业化道路，用几十年时间走完西方发达国家几百年走过的工业化历程，取得了举世瞩目的伟大成就，为中华民族实现从站起来、富起来到强起来的历史性飞跃提供了坚实的物质技术基础。

2023年4月，工业和信息化部党组决定依托赛迪研究院组建新型工业化研究中心，旨在学习研究和宣传阐释习近平总书记关于新型工业化的重要论述，深入开展新型工业化重大理论和实践问题研究。一年多来，形成了一批重要研究成果，本套丛书便是其中的一部分。

数字化、绿色化是引领时代变革的两大潮流，实现新型工业化必须加快推进数字化、绿色化转型。《数字化转型赋能新型工业化：理论逻辑与策略路径》一书认为，数字化转型正在深刻重塑人类社会，要充分发挥数字化对新型工业化的驱动作用，加快制造业发展方式的根本性变革。《数据基础制度：夯实数据要素市场根基》认为，数据基础制度建设事关国家发展和安全大局，要加快完善我国数据基础制度体系。《算力经济：生产力重塑和产业竞争决胜局》提出，通过算力技术的创新和应用，能够发展新质生产力，推动传统产业的数字化转型和智能化升级，培育壮大新兴产业，布局建设未来产业。《融合之力：推动建立"科技—产业—金融"良性循环体系研究》一书，总结了美、德、日等国推动科技、产业、金融融合互促的主要做法，并提出了符合中国国情和发展阶段的总体思路与具体路径。《"双碳"目标下产业结构转型升级》从重点行业、空间布局、贸易结构、风险防范、竞争优势等方面论述了产业结构转型升级问题，并从体制机制、要素保障、政策体系等层面提出对策建议。

推进新型工业化，既要立足国情，体现中国特色和中国场景，也要树立全球视野，遵循世界工业化的一般规律。《产业链生态：机理、模式与路径》一书认为，当前全球经济竞争已经进入到产业链竞争的时代，该书构建了产业链生态的"技术层-生产层-服务层-消费层-调节层"五圈层结构理论，提出了构建产业链生态的筑巢引凤、龙头带动、群星荟萃、点线面递进、多链融合、区域协同六种典型模式。《制造业品质革命：发生机理、国际经验与推进路径》认为，世界制造强国在崛起过程中都会经历"品质"跃升阶段，纵观德国、日本、美国的工业化历程莫非如此，我国也要加快推进制造业品质革命。《瞰视变迁：三维视角下的全球新一轮产业转移》指出，产业转移是不可避免的全球经济规律，对促进全球工业化、科技创新等有积极意义，应系统全面评估产业转移对新型工业化的综合影响，积极谋划并提前布局，增强在全球产业链供应链空间布局中的主动性。《跨越发展：全球新工业革命浪潮下中国制造业发展之路》通过国际和国内比较，对中国制造业实现跨越式发展进行了多维度分析，并提出了可行性建议。从知识层面来说，材料丰富、数据扎实与广泛性构成了此书的显著特色。《面向2035的机器人产业发展战略研究》一书为实现机器人强国战略目标，提出拥有核心关键技术、做强重点领域、提升产业规则国际话语权三大战略举措。

总的来看，本套丛书有三个突出特点。第一，选题具有系统性、全面性、针对性。客观而言，策划出版丛书工作量很大。可贵的是，这套丛书紧紧围绕新型工业化而展开，为我们解决新型工业化问题提供了有益的分析和思路建议，可以作为工业战线的参考书，也有助于世界理解中国工业化的叙事逻辑。第二，研究严谨，文字平实。丛书的行文用语朴实简洁，没有用华丽的辞藻，避免了抽象术语的表达，切实做到了理论创新与内容创新。第三，视野宏大，格局开阔。"它山之石，可以攻玉"，丛书虽然聚焦研究中国的新型工业化，处处立足中国国情，但又不局限于国内，具有较高的研究价值与现实意义。

本套丛书着眼解决新时代新型工业化建设的实际问题，较好地践行了习近平总书记"把论文写在祖国大地上"的重要指示精神。推进新型工业化、加快建设制造强国，不仅关乎现代化强国建设，也关乎中华民族的未来。相信读者在阅读本丛书之后，能更好地了解当前我国新型工业化面临的新形势，也更能理解加速推进新型工业化建设的必要性、紧迫性与重要性。希望更多的力量加入到新型工业化建设事业中，这是一项事关支撑中华民族伟大复兴的宏伟工程。

是为序。

苏波

2024 年冬

前言
Introduction

当今，世界正处于百年未有之大变局，新技术的不断突破引领全球新工业革命深入发展，为各国制造业跨越式发展带来新的可能。智能化技术驱动新兴产业迅猛发展和传统产业加快转型，进而推动制造业高质量发展，促进全球经济实现稳步增长。纵观全球，各国正逐步推进不同的战略与政策，抢抓全球新工业革命浪潮下制造业跨越式发展机遇。

面对世界政治经济发展新形势，中国亟须把握新工业革命为国内产业升级带来的机遇。当前阶段，中国各地加快推进新型工业化，技术创新将为制造业注入新动能，有效提高全要素生产率，显著增强产业链韧性和核心竞争力。因此，中国产业发展对技术创新有着强劲的需求，只有把握住新形势下的新兴技术，才能在新的全球产业竞争中站稳脚跟；只有坚持创新驱动、绿色低碳、高水平科技自立自强、数字经济和实体经济深度融合的新型工业化，才是符合当前时代特征的发展路线。

中国应以新工业革命为契机，在国际社会中持续发挥影响力。2018年，在金砖国家领导人第十次会晤中，中国首次提出金砖国家新工业革命伙伴关系的重大倡议，这是将新工业革命作为共同繁荣的新机遇，更是中国推进落实联合国2030年可持续发展议程的笃行实践。在产业升级和供给侧结构性改革背景下，中国的科技创新和优势产能转移将为发展中国家迈向全球价值链中高端提供机遇和平台，中国引领新工业革命必将为全球包容性协同增长作出积极贡献。

本书通过绪论、形势篇、理论篇、产业篇和路径篇五个部分对新工业革命下中国制造业跨越式发展进行论述。形势篇分析当前新工业革命的发展形势，及其为跨越式发展带来的机遇和挑战。理论篇阐释了新工业革命和制造业跨越式发展的内涵与特征，提出制造业跨越式发展评价指标体系。产业篇分析产业科技创新、产业链供应链演变、企业竞争范式转变、先进制造业与现代服务业融合发展四个方面对制造业跨越式发展的关键影响和促进作用。路径篇分析主要工业化国家应对新工业革命的思路和举措，总结中国制造业跨越式发展的实践经验，提出未来中国制造业实现跨越式发展的路径和相关建议。

展望未来，中国有必要、有信心、有能力把握新工业革命的发展契机，走出一条推动内部产业升级、引领外部协同发展的路径，为全面建成社会主义现代化强国打下坚实基础。

目录
Contents

绪论 / 001

形势篇

第一章
全球新工业革命的新进展和新趋势 / 008

第一节　全球新工业革命引领产业跨越式发展的新进展 / 009

第二节　全球新工业革命引领产业跨越式发展的新趋势 / 021

第二章
新工业革命为跨越式发展带来的机遇和挑战 / 026

第一节　新工业革命为跨越式发展带来的机遇 / 027

第二节　新工业革命为跨越式发展带来的挑战 / 031

第三节　新工业革命浪潮下中国制造业跨越式发展的关注点 / 033

理论篇

第三章
相关理论研究 / 037

第一节　新工业革命的理论研究 / 038

第二节　制造业跨越式发展的理论研究 / 043

第三节　制造业跨越式发展评价指标体系 / 045

产业篇

第四章
产业科技创新促进制造业跨越式发展 / 051

第五章
产业链供应链演变加快制造业跨越式发展 / 056

第一节　全球新工业革命前期产业分工网络发展历程 / 057

第二节　全球新工业革命浪潮下产业分工网络的新特征 / 064

第三节　基于全球产业分工网络的产业链供应链演进趋势 / 068

第六章
企业竞争范式转变推进制造业跨越式发展 / 072

第一节　大企业带动中小企业实现全产业链协同发展 / 073

第二节　建立新品牌以增加市场流量导入成为竞争新趋势 / 082

第七章
先进制造业与现代服务业融合发展助力制造业跨越式发展 / 091

第一节　先进制造业与现代服务业融合发展的必然性及经验借鉴 / 092

第二节　先进制造业与现代服务业融合发展是制造业跨越式发展的组成部分 / 104

路径篇

第八章
主要工业化国家应对新工业革命的思路和举措 / 118

第一节　发展中国家 / 119

第二节　发达国家 / 135

第九章
中国推进制造业跨越式发展的基础和笃行实践 / 150

第一节　制造业跨越式发展基础进一步夯实 / 151

第二节　中国推进制造业跨越式发展的笃行实践 / 159

第十章
新工业革命浪潮下推动中国制造业跨越式发展的建议 / 171

第一节　全面深化改革，营造制造业跨越式发展有利环境 / 172

第二节　加强文化引领，兼容并蓄推动制造业跨越式发展 / 178

第三节　推进产业政策调整，高质量对接制造业跨越式发展诉求 / 183

第四节　加快制度型开放，促进制造业跨越式发展 / 190

第五节　完善政府监管形式，推动制造业跨越式发展 / 195

后记 / 201

绪 论

一、研究背景

从产业发展看，智能化技术驱动新兴产业迅猛发展和传统产业加快转型，进而推动制造业高质量发展，新一轮工业革命加速演进。新一代信息技术等新兴技术自 21 世纪以来得到了快速发展，深度学习、自然语言处理、第五/六代通信技术、工业互联网、先进算法等智能化技术集群近年来更是取得重大突破，形成兼顾技术深度与应用广度的科技驱动力。人工智能、大数据、清洁能源、生物制造等新兴产业和未来产业的崛起正是新技术突破的实践应用。近年来，中国经济高质量稳定发展是新产业转型推动经济发展的具体体现。

从世界形势看，为应对新一轮工业革命带来的产业变革，各国正逐步推进和实施各自不同的战略与政策。绿色工业和数字经济等新概念已成为全球发展的新目标；包容性增长、可持续发展、消除贫困等新理念已成为全球发展的新路径；国际分工的改变、产业价值链的重构、开放合作与保护主义的对撞成为全球发展的新常态。全球新工业革命已经成为各国发展的重心，发展中国家与发达国家都想通过新工业革命实现跨越式发展。德国《国家工业战略 2030》、美国《通胀削减法案》等皆是各发达经济体为应对工业领域的变革所做出的准备。如何在新工业革命浪潮下维持产业高质量发展已成为世界各国的关注重点。

从时代变局看，新一轮大国竞争必然倒逼中国紧抓全球新工业革命下跨越式发展机遇。当前，全球政治经济格局剧变，产业链供应链的各种不稳定、不确定性因素明显增加。中国制造业将围绕新工业革命紧抓以下三个方面：一是科技创新，来自欧美发达国家的制造业回流压力和来自其他发展中国家的竞争压力正迫使中国企业研发更为先进的工业技术。二是产业转型，中国正着手建立更安全、更有韧性的产业链供应链体系，保障中国经济的跨越式发展。三是拥抱开放，以开放促改革、促发展、促创新，推进高水平对外开放，持续提升产业要素流动水平。

在此三重背景下，中国有需求，也有能力把握新工业革命带来的跨越式发展契机。从需求的角度看，产业转型升级对技术创新驱动的需求尤为突出。当下，中国制造业发展面临较大的外部压力，先进技术的快速迭代将加速重构世界价值链，来自欧美国家的保护主义使中国工业产品出口环境更为恶劣，且在半导体先进制程等尖端科技领域方面受制于人。同时，国内面临推进新型工业化、建设现代化产业体系、促进经济高质量发展的压力。技术创新将为制造业注入新动能，有效提高全要素生产率，显著增强产业链韧性和核心竞争力。中国只有把握新形势下的新兴技术，才能在新的全球浪潮中站稳脚跟。从能力的角度看，中国制造业发展成熟度已经得到了较大程度的提高，并且建立了囊括联合国全部 525 个工业小类的全球最完善的工业体系，这为中国新兴技术的研发提供了良好的物质基础。发挥新型举国体制优势，建立国家创新体系，推动政府、市场和社会力量最大限度地结合，形成新技术攻关的强大合力，带动制造业高质量发展。

二、研究意义

本书探讨了中国在新工业革命浪潮下制造业跨越式发展的路径（见图 0-1），从相关政府部门的政策制定和更广泛地推动产业发展两个维度上对中国现代化产业体系的建设做出贡献。

一方面，本书立足中国市场，主要为相关政府部门在新形势下制定政策提供理论支撑和决策参考。本书通过总结各国在新工业革命（或类似阶段）中实现从较为落后阶段跨越性进入高层次阶段的经验和成就，全面分析新工业革命和跨越式发展这两大概念在全球视角下的内涵和特征，并就如何将新工业革命与中国式新型工业化有机地结合在一起进行讨论。

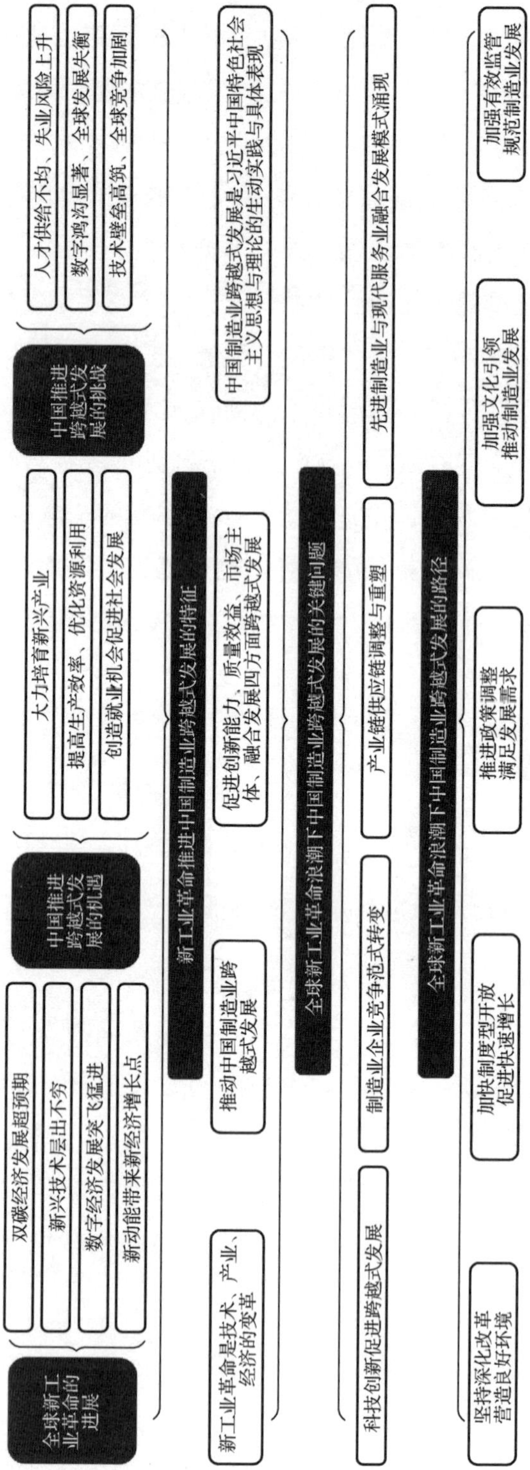

图 0-1 全球新工业革命浪潮下中国制造业跨越式发展路径研究框架

另一方面，本书可更广泛地推动产业发展，为企业的战略制定提供有价值的信息分享与借鉴。本书通过对世界范围内发生的新工业革命进行研究，着重分析全球产业链供应链的演变趋势、企业间竞争范式的转变趋势，以及产业之间替代或融合的趋势等，以利于企业对各国工业发展进程及中国与这些国家合作前景的展望有更深入的理解。本书对全球新工业革命浪潮下制造业跨越式发展的机遇和挑战的研判，将成为企业制定发展战略和开展国际合作的重要参考。

笔者本着严谨、务实、开放的态度对世界范围内各国在新工业革命下采取的应对路径进行分析，并就如何将新工业革命的新趋势与中国制造业跨越式发展相结合提出相关对策建议。

三、创新之处

一是本书汇总并回顾新工业革命和跨越式发展两个核心概念，深入探究二者的内涵与特征。前者是建立在一个新技术的集群上，由数字化、网络化、智能化深度融合而推动的技术革命，是部分已发生突破但整体仍处于演进过程中的整个工业系统的变革过程。后者是充分利用后发优势和其他比较优势，吸收和利用世界科技进步的成果和先进生产力，推进理论创新、体制创新、科技创新，从而推动高速度、高起点、高水平的发展。

二是本书采用国别比较中的二维分类法，将参与全球新工业革命的所有国家分为发达国家与发展中国家两个类别进行比较研究。发达国家与发展中国家的目标相同，都是在新工业革命中抓住跨越式发展的机遇，但双方角色不同、发展路径不同。作为发展较早、拥有相对技术优势的发达国家，在全球新工业革命中已采取相关政策维持技术高位和产业链核心地位。作为发展中国家，在全球新工业革命中扮演着追赶者的角色，大多力求开放合作以换取工业技术的积累与工业规模的扩张，致力于在新形势下紧抓新机遇以完成更多跨越式发展的尝试。基于此，本书对中国在国际社会中所处形势及现行政策进行分析。

三是本书从国际和国内两个视角对中国制造业实现跨越式发展的具体路径进行分析并提出建议。从国际视角来看，在新工业革命浪潮推动下，中国的科技创新将为更多的发展中国家提供发展机遇，为产业链迈向全球价值链中高端提供平台。从国内视角来看，笔者研究和分析了中国探索新工业革命的生动实践，展示了中国在夯实基础设施建设、推进制造业产业结构优化升级、统筹政府和市场关系、助推传统产业转型升级和新兴产业培育壮大，以及提升产业国际竞争力的不懈努力，同时提出了制造业实现跨越式发展的相关路径与建议。

形势篇

CHAPTER 1 第一章
全球新工业革命的新进展和新趋势

进入 21 世纪以来，能源危机、生态环境恶化、气候变暖等全球性挑战频频出现，各种高新技术广泛交叉应用，一场新工业革命正在悄然发生。这场革命以新一代信息、量子、生物、新材料、新能源等技术为代表，引发了人类生产、生活方式向数字化、智能化、绿色化方向发生巨大变革，同时也为各国产业经济带来了新的发展赛道。

第一节　全球新工业革命引领产业跨越式发展的新进展

一、"双碳"经济发展超出预期，能源体系已然重塑

气候变化给人类社会带来了严重且不可逆的挑战，推动"双碳"经济发展已成为全球关注的实现可持续发展的重要议题。新工业革命重塑了当下全球能源体系。

（一）电力需求显著增长

近年来，随着世界经济发展，电力需求显著增长。根据 Statista 数据，2000—2022 年全球用电量总体呈上升趋势，由 2000 年的 13261 太瓦时稳步增长至 2022 年的 25530 太瓦时。2010—2022 年，由于全球工业化和电力供应扩张，全球用电量上涨 36.1%，涨幅较大。2000—2022 年全球用电量如图 1-1 所示。

2010—2019 年，全球用电量年平均增长率超过 2.8%。其中，2021 年全球用电量增长率达到了 5.8%，2022 年全球用电量增长率降至 2%。在此期间，中国一直是全球最大的电力消费国。2010—2019 年，中国用电量平均每年增长 7%，2021 年中国用电量超过 7800 太瓦时，2022 年中国用电量超过 8000 太瓦时，约占全球电力消费总量的 32%。2020—2022 年全球 10 个主要国家用电量如图 1-2 所示。

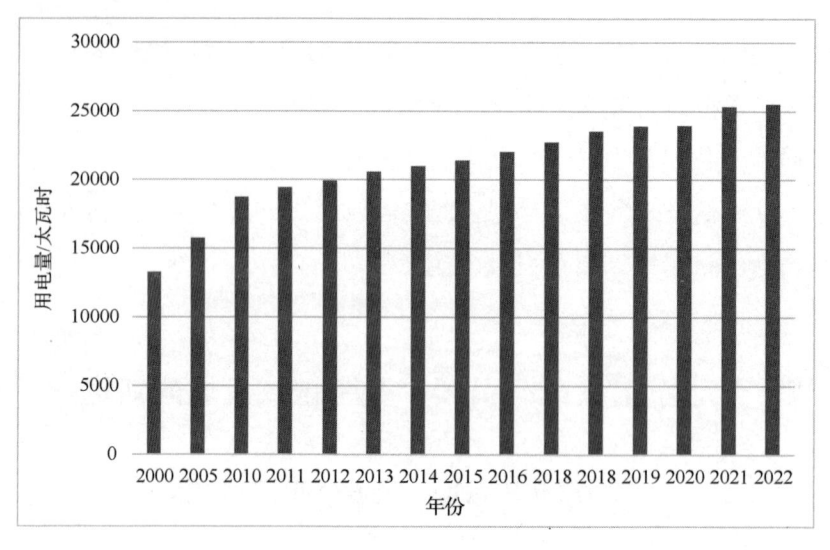

图 1-1　2000—2022 年全球用电量

（数据来源：Statista，赛迪智库整理）

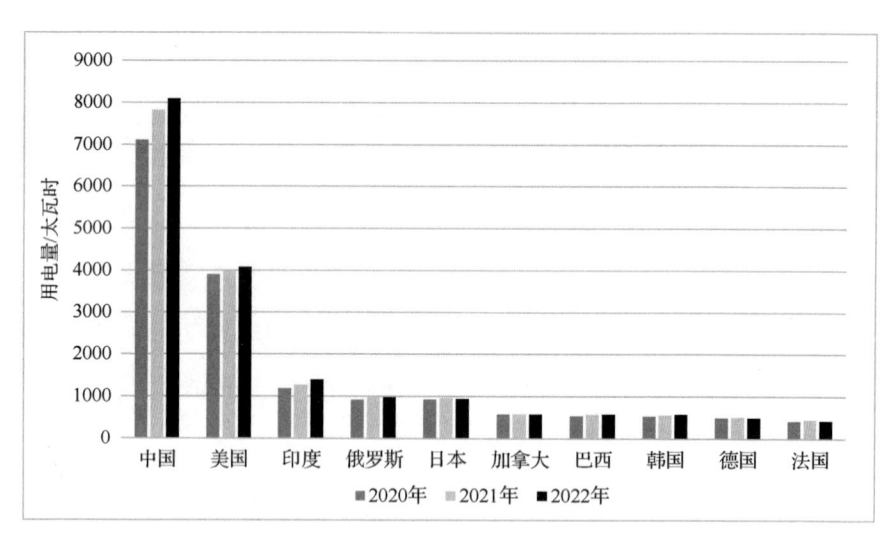

图 1-2　2020—2022 年全球 10 个主要国家用电量

（数据来源：Enerdata，赛迪智库整理）

（二）风能和太阳能主导的新能源发展迅猛

由于成本竞争力的提升，以及各国政策扶持能源体系向低碳电力转变，风能和太阳能发电量在过去几年持续上升。2022 年，中国、美国、欧洲三大主要市场新增风能装机容量为 75 吉瓦时，新增太阳能装机容量为 191 吉瓦时，使全球可再生能源发电量激增。全球范围内，2022 年，风能和太阳能发电量占总发电量比例超过 12%，较 2021 年上升了 1.5%。在三大主要市场中，中国风能和太阳能发电量占总发电量的比例为 13.5%；美国风能和太阳能发电量增长了 1.7%，风能和太阳能发电量占总发电量的比例超过 14%；欧洲风能和太阳能发电量涨幅超过 3%，风能和太阳能发电量占总发电量的比例约为 22%。2005—2022 年三大主要市场风能和太阳能发电量如图 1-3 所示。

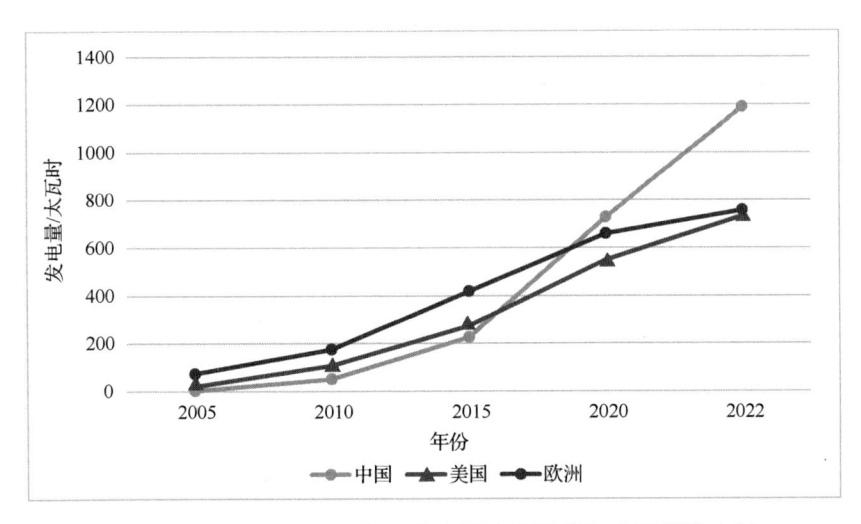

图 1-3 2005—2022 年三大主要市场风能和太阳能发电量

（数据来源：Enerdata，赛迪智库整理）

成本下降使风能和太阳能发电量快速增长，2035 年前，风能和太阳能发电装机容量预计平均每年增长 450～600 吉瓦时，较历史上最高增长率快 1.9～2.5 倍。到 2035 年，中国和发达国家将大幅带动风能和太阳能装机容量的增长。2030—2040 年，除中国以外的新兴经济体占全球发电装机容量增幅的比例将达到 75%～90%。2000—2050 年全球风能和太阳能发电装机容量如图 1-4 所示。

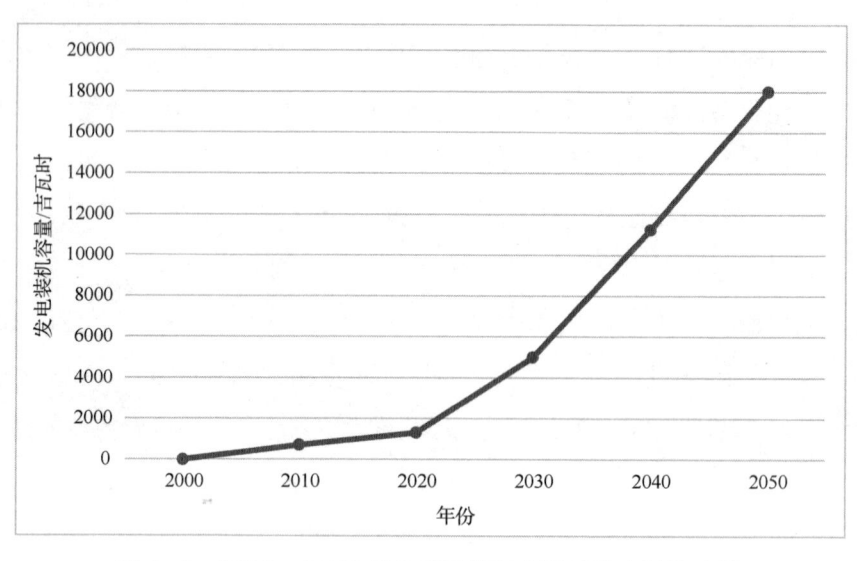

图 1-4 2000—2050 年全球风能和太阳能发电装机容量

（数据来源：BP 中国公司，赛迪智库整理）

（三）氢能对能源系统"脱碳"发挥重要作用

随着世界能源系统向更可持续发展过渡，氢能的使用越来越多，这有助于实现工业和运输业中难以减排的工艺过程和活动"脱碳"。根据国际能源署数据，2022 年，全球氢气使用量达到 9500 百万吨，比 2021 年增加了近 3%。从区域来看，欧洲由于地缘政治冲突引发了能源危机，氢气用量减少了近 6%，但北美和中东地区的氢气消费增长均达到 7% 左右。中国的氢气消费增幅为 0.5% 左右，仍是最大的氢气消费国，占全球氢气使用量的近 30%，是第二大氢气消费国美国的两倍多。2020—2030 年不同行业的氢气需求如图 1-5 所示。

二、新兴技术层出不穷，创新应用场景日趋增多

在新一轮技术突破的背景下，新兴技术被广泛交叉应用至各传统产业，并促进了诸多新兴产业的诞生。新工业革命已使新兴技术深度渗透社会经济的各个方面。

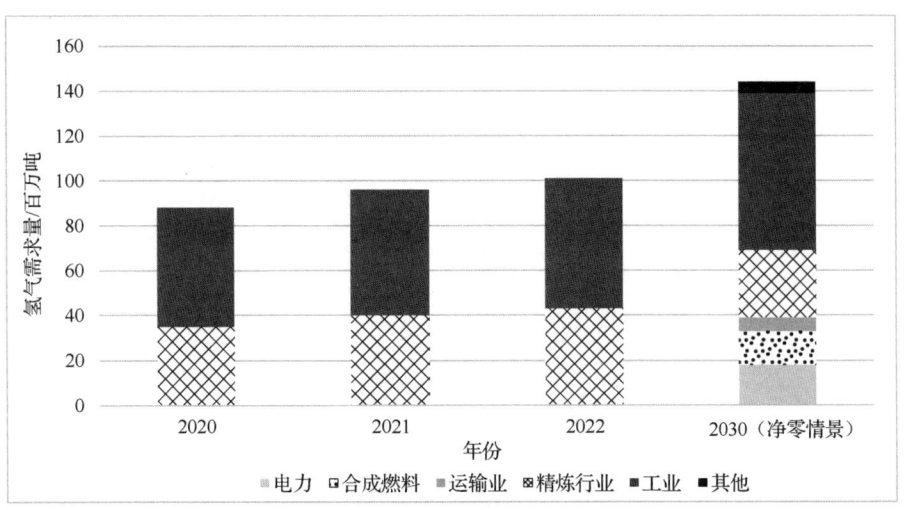

注：净零情景，即国际能源署发布的 2050 年净零排放情景，要求全球能源部门到 2050 年实现二氧化碳净零排放，将全球长期平均温升限制在 1.5℃。

图 1-5　2020—2030 年不同行业的氢气需求

（数据来源：国际能源署，赛迪智库整理）

（一）新兴技术加速迭代

云计算、人工智能等技术迭代水平持续提高，将在未来数年内对人类社会产生显著影响，给世界带来了前所未有的发展机遇。

（二）人工智能加速演进

人工智能技术引领经济蓬勃发展，已经成为推动新一轮科技革命和产业变革的重要力量。截至 2023 年，全球人工智能市场规模约为 2418.0 亿美元，比 2022 年的 1348.9 亿美元增长了近 80%。到 2030 年，人工智能市场规模预计达到 7387.6 亿美元。近年来，对人工智能（如人工智能机器人、机器学习、自然语言处理等）的持续投资推动了技术的快速进步，使人工智能技术渗透到许多行业。2020—2030 年全球人工智能市场规模如图 1-6 所示。

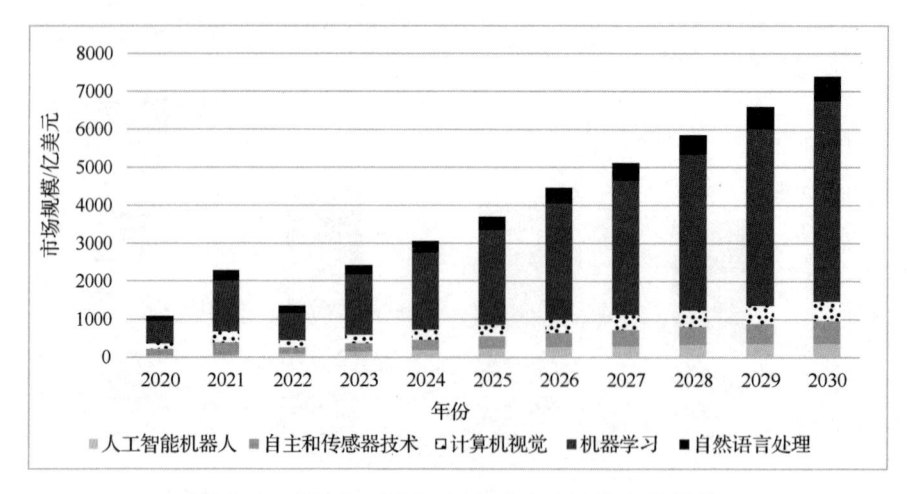

图 1-6　2020—2030 年全球人工智能市场规模

（数据来源：Statista Market Insights，赛迪智库整理）

2023 年是技术发展的分水岭，生成式人工智能（GAI）成为主流，2024 年生成式人工智能将进一步演化。2023 年，GAI 全球市场规模超过了 130 亿美元；到 2025 年，GAI 全球市场规模预计将超过 220 亿美元；到 2030 年，GAI 全球市场规模将以 27% 的复合年增长率增长，2022—2030 年生成式人工智能全球市场规模如图 1-7 所示。

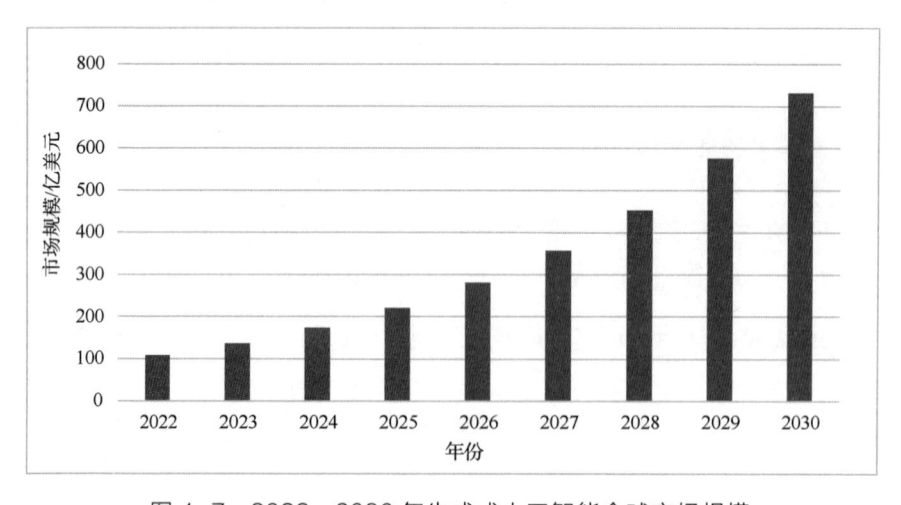

图 1-7　2022—2030 年生成式人工智能全球市场规模

（数据来源：Precedence Research，赛迪智库整理）

（三）云计算技术发展进入膨胀期

全球云计算市场规模不断扩大，其收入在全球范围内持续提升。

从服务角度来看，国际数据公司（IDC）数据显示，2022年，全球公共云服务市场收入达5458亿美元，比2021年的4442亿美元增长22.9%。其中，软件即服务（SaaS）市场近年来一直收入最高，占2022年全球公共云服务市场总收入的45.0%以上。基础设施即服务（IaaS）是第二大收入类别，占全球公共云服务市场收入的21.2%，而平台即服务（PaaS）、软件即服务—系统基础设施软件（SaaS-SIS）分别占全球公共云服务市场收入的17.0%和16.7%（见图1-8）。

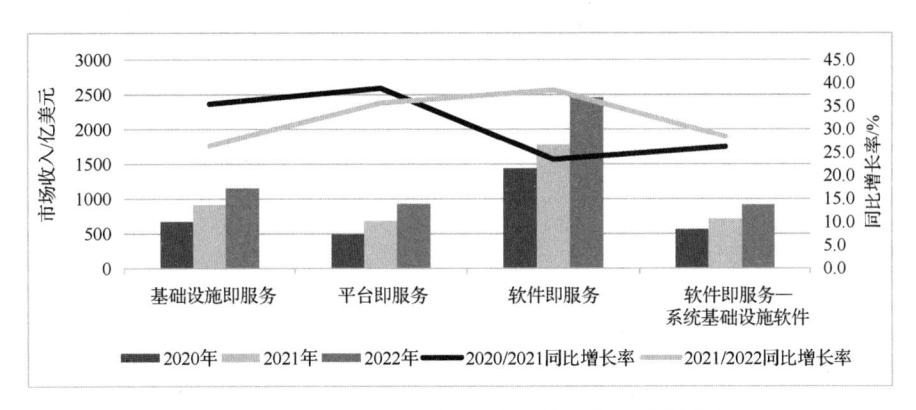

图1-8　2020—2022年全球公共云服务市场收入

（数据来源：IDC，赛迪智库整理）

行业云对企业适应未来发展发挥了重要作用。根据Statista在2022年针对欧美地区近700家企业的研究，其中56%的企业使用微软Azure满足自身云需求，8%的企业不使用任何云计算服务（见图1-9）。

三、数字经济发展突飞猛进，新模式、新业态持续涌现

当今世界，数字经济正在重组全球要素资源、重塑全球经济结构、改变全球竞争格局。截至2022年，51个国家的数字经济规模总量为41.4万亿美元，占这些国家国内生产总值（GDP）之和的比重为46.1%。其中，美国数

字经济规模依然位居世界第一，其数字经济规模达到了 17.2 万亿美元；中国位居世界第二，其数字经济规模达到了 7.5 万亿美元。

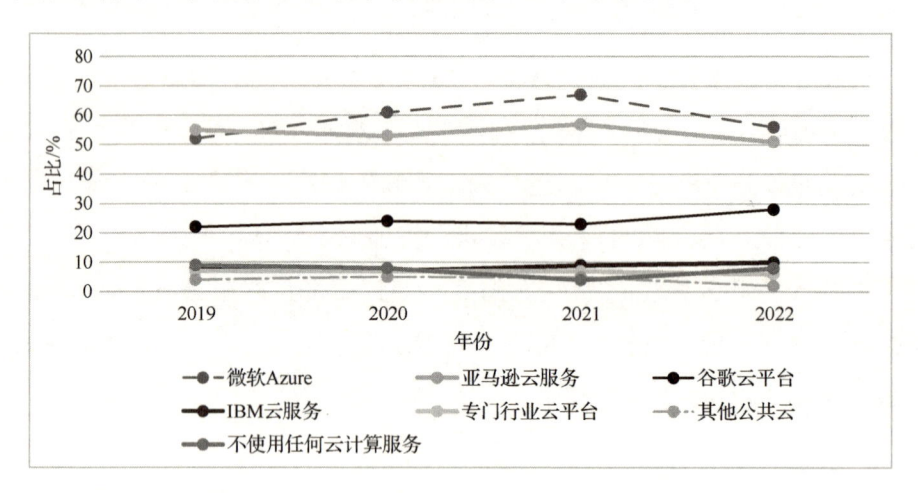

图 1-9　2019—2022 年企业云平台使用情况

（数据来源：IDC，赛迪智库整理）

在数字经济迅速发展的大背景下，2018 年，全球数字化转型企业价值为 13.5 万亿美元，2023 年，全球数字化转型企业价值预计达到 53.3 万亿美元，占全球名义 GDP 的一半以上（见图 1-10）。

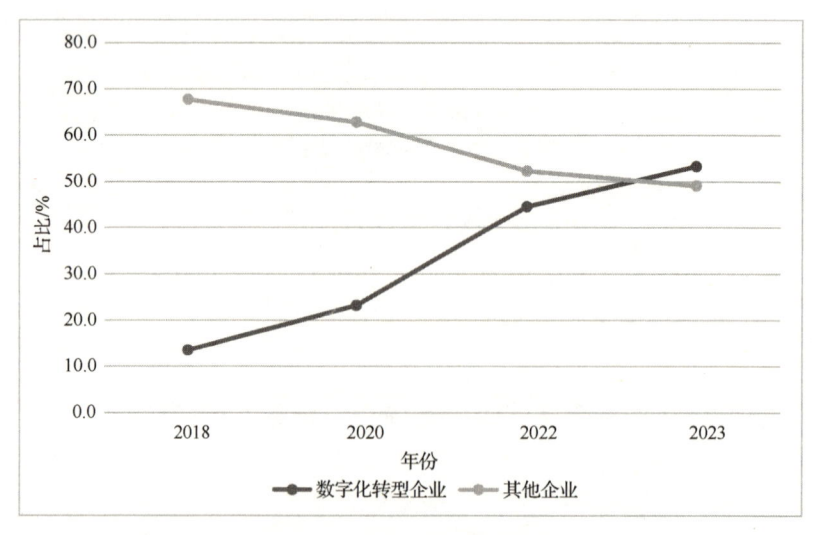

图 1-10　2018—2023 年全球数字化转型企业和其他企业推动名义 GDP 增长的比例

（数据来源：Statista，赛迪智库整理）

2021年，全球数字化转型技术和服务投入金额达到了1.59万亿美元，较2020年增长20%以上。2022年，全球数字化转型技术和服务投入金额达到了1.85万亿美元。到2026年，全球数字化转型技术和服务投入金额预计达到3.4万亿美元。2018—2026年全球数字化转型技术和服务投入金额如图1-11所示。

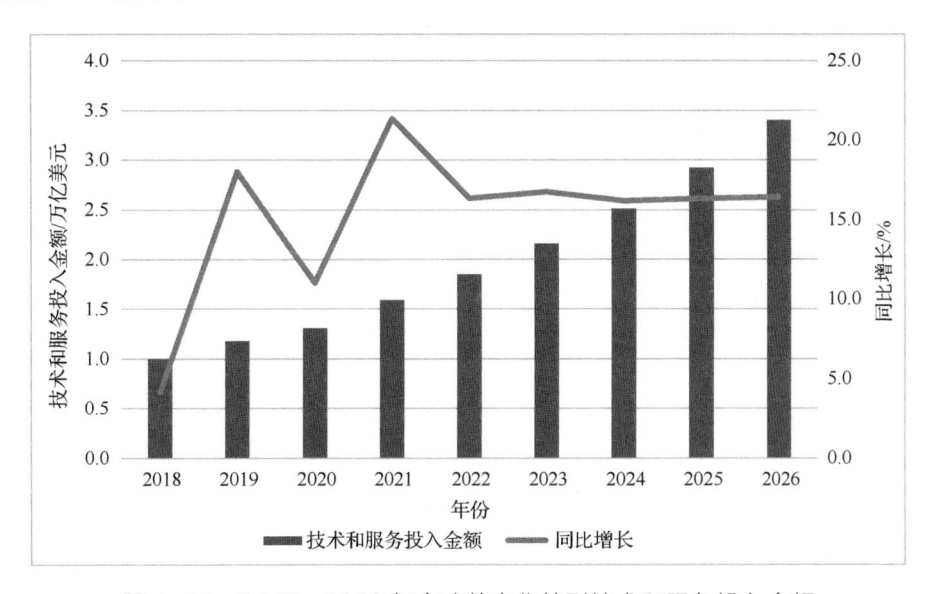

图1-11 2018—2026年全球数字化转型技术和服务投入金额

（数据来源：Statista，赛迪智库整理）

随着全球数字经济发展，平台经济作为一种新业态应运而生。与2022年相比，2023年，全球平台经济领域价值平均增长率为16.1%。其中，美国一直在平台经济领域保持领先地位，美国以80.3%的市场份额占据主导地位，平台经济领域总价值达11.3万亿美元，较2022年增长了23.5%。2023年，亚太地区平台经济领域总价值略有下滑，为2.2万亿美元，较2022年下降了9.3%；欧洲平台经济领域总价值较2022年增长了24.8%，为3146亿美元，在全球范围内占2.2%的份额。2022—2023年全球主要地区平台经济发展情况如图1-12所示。

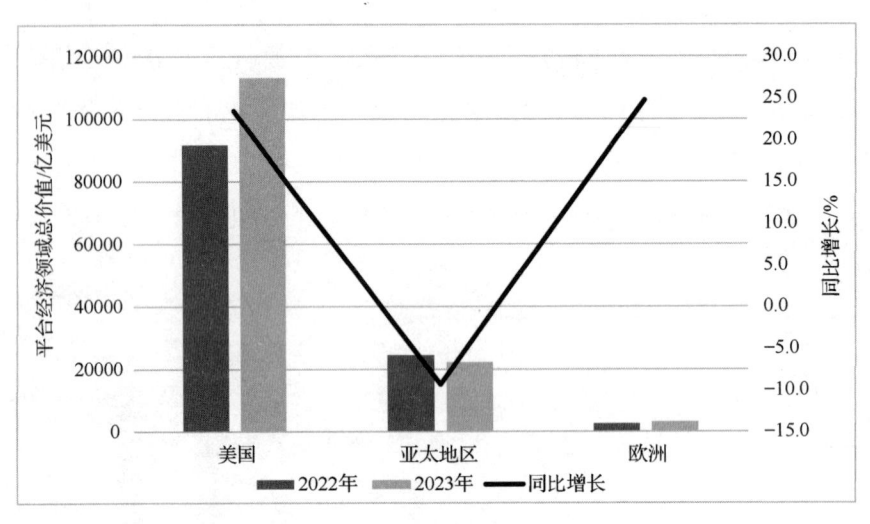

图 1-12　2022—2023 年全球主要地区平台经济发展情况

（数据来源：Platformeconomy.com，赛迪智库整理）

四、新工业革命催生新动能，全球产业格局不断变化

新工业革命下新技术的迭代催生了大量新技术和新产业，形成了促进制造业跨越式发展新动能，为国际产业发展带来重大影响，赋予全球产业格局新变化。

（一）新能源汽车重塑全球汽车产业格局

面对数字化转型和绿色化转型带来的重大机遇，汽车产业正处于革命性变革的历史节点，其格局正在重塑。

2017 年，包括电池电动汽车（BEV）和插电式混合动力电动汽车（PHEV）在内的电动汽车销量约为 100 万辆，2022 年跃升至 1000 万辆，实现指数级增长。2022 年售出的所有新车中，电动汽车销量占比为 14%，高于 2021 年和 2020 年，销量占比是 2017 年的 10 倍以上。其中，BEV 保有量占 2022 年全球电动汽车保有量的 70% 左右，较 2021 年增加了 350 万辆。整体来看，2022 年全球电动汽车销量的年增长率与 2015—2018 年的平均增长率相近，

2022 年全球电动汽车存量的年增长率与 2015—2018 年的平均增长率相近。2017—2022 年全球各地区电动汽车保有量如图 1-13 所示。

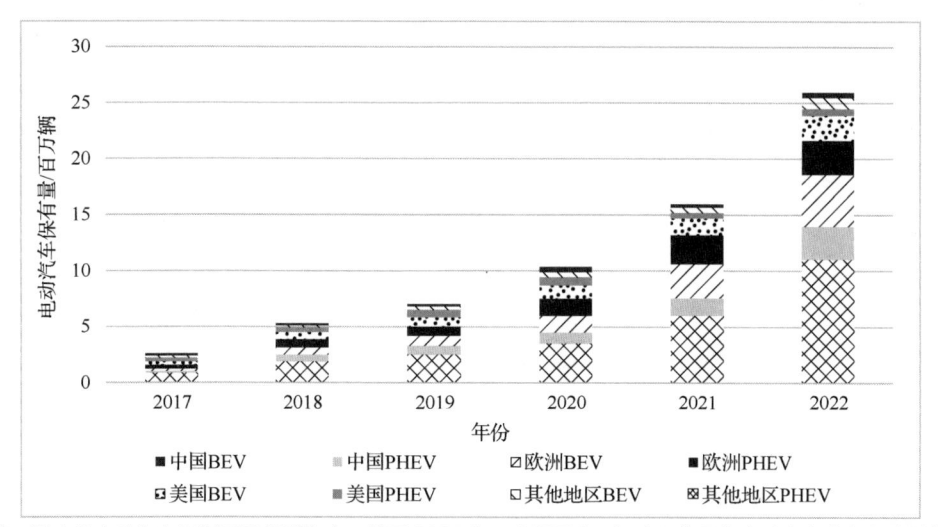

注：图中的电动汽车是指乘用轻型汽车。截至 2022 年，欧盟国家、挪威和英国的电动汽车库存占欧洲总库存的 95% 以上；这一总数还包括冰岛、以色列、瑞士和土耳其。其他地区的电动汽车主要市场为巴西、澳大利亚、智利、加拿大、印度、墨西哥、日本、印度尼西亚、新西兰、马来西亚、韩国、南非和泰国。

图 1-13　2017—2022 年全球各地区电动汽车保有量

（数据来源：国际能源署，赛迪智库整理）

2022 年，全球上路电动汽车总量上升至 2600 万辆，与 2021 年相比增长 60%。2022 年，中国电动汽车在汽车总销量中的占比达到 29%，高于 2021 年的 16% 和 2018—2020 年的不足 6%。其中，BEV 的销量比 2021 年增长了 60%，达到 440 万辆；PHEV 的销量增长了近两倍，达到 150 万辆。作为电动汽车领域的领跑者，中国的电动汽车销量约占全球电动汽车总销量的 60%，保有量占全球总量半数以上。2020—2023 年中国电动汽车保有量如图 1-14 所示。

（二）半导体销量呈上升态势

近年来，信息化、智能化、网络化发展迅速，半导体行业对全球经济及社会发展愈加重要。从全球范围看，半导体产业销售额从 2001 年的

1390亿美元增加到2022年的5740亿美元，年复合增长率为6.67%（见图1-15）。

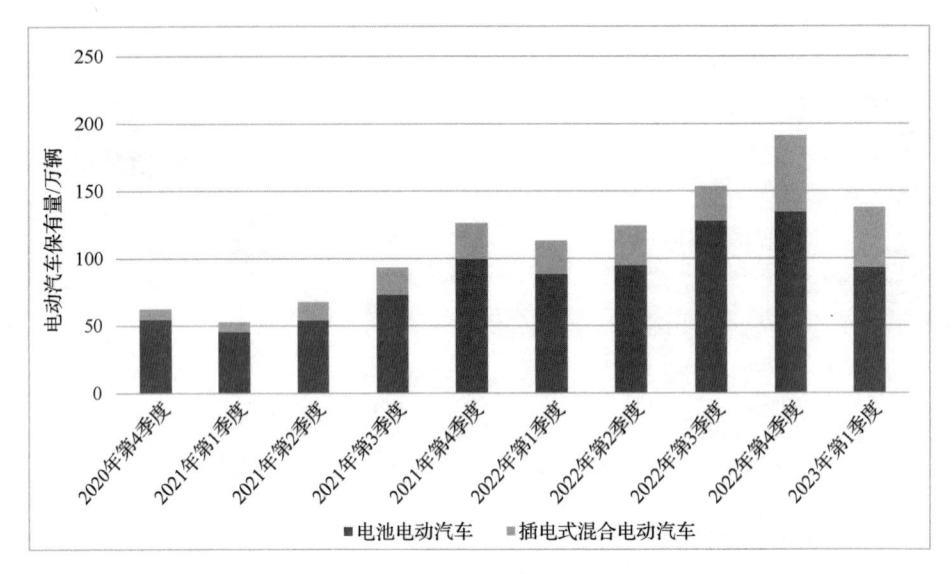

图1-14　2020—2023年中国电动汽车保有量

（数据来源：国际能源署，赛迪智库整理）

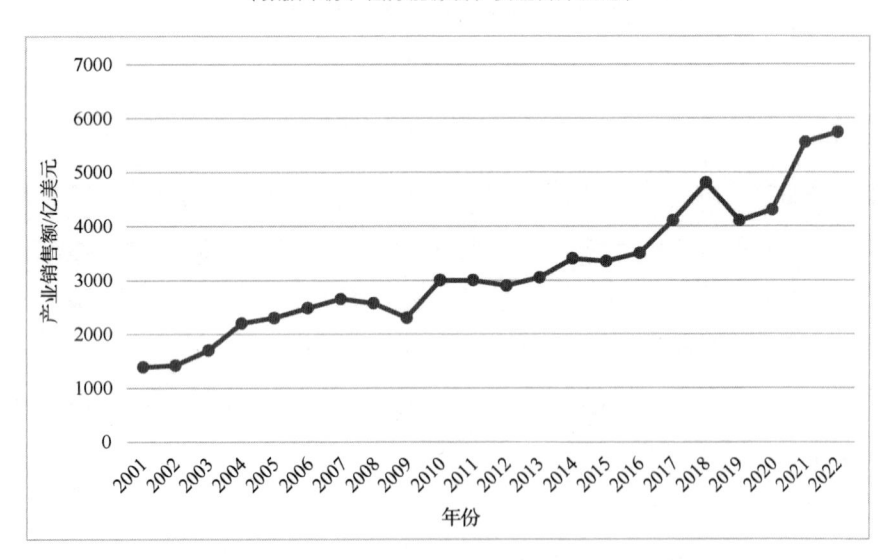

图1-15　2001—2022年全球半导体产业销售额

（数据来源：美国半导体行业协会，赛迪智库整理）

根据世界半导体贸易统计组织的预测，2024 年，全球半导体市场增长率预计将达到 13.1%，市场规模将达到 5880 亿美元左右。这一增长在很大程度上应归功于内存行业的发展。2024 年，内存行业市场规模有望上涨至 1300 亿美元左右，较 2023 年增长 40%以上。大多数其他主要细分市场预计也将实现增长。从区域来看，全球各区域市场预计在 2024 年将继续扩张，特别是美洲和亚太地区，预计同比增长 10%以上。

第二节　全球新工业革命引领产业跨越式发展的新趋势

随着新工业革命的迅猛发展，一系列新兴技术进一步扩大了生产力发展空间，新产业、新业态、新模式不断呈现新活力，全球产业跨越式发展进入数字化、绿色化发展的新阶段。全球各国根据自身比较优势，站在新工业革命浪潮上，积极顺应产业跨越式发展的创新生态建设、数字化转型、绿色发展、智能化发展等新趋势。

一、数字经济发展将贯穿始终，数字化转型将成为关注点

（一）数字经济将贯穿新工业革命发展始终

数字经济已经成为当今世界各国综合实力的重要体现，是新时代大国竞争的博弈焦点，也是一个国家兴衰的关键影响因素。世界主要大国都高度重视数字经济发展，把数字经济发展作为实现新工业革命跨越式发展的重要动能，不断推动着全球数字经济快速发展。《全球数字经济白皮书》《全球计算力指数评估报告》预计，2026 年，全球数字经济占 GDP 的比重将达到 54%（见图 1-16）。《云计算白皮书（2023 年）》预计，2026 年，全球云计算市场规模将突破万亿美元。未来，数字经济将成为全球新工业革命和产业发展的重要动力源泉。

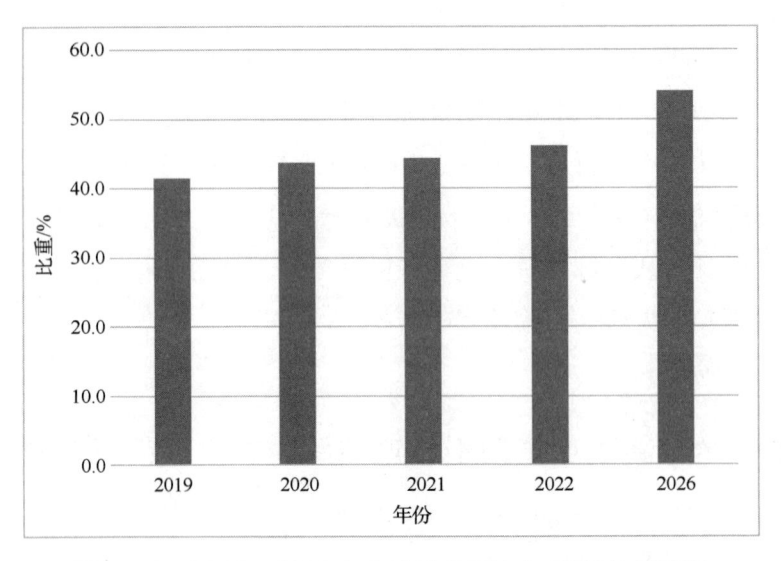

图 1-16　2019—2026 年全球数字经济占 GDP 比重情况

（数据来源：《全球数字经济白皮书》，清华大学，赛迪智库整理）

（二）数字化转型将成为数字经济发展的重中之重

目前，世界各国将数字化转型置于数字经济发展的核心地位，着力于推动数字产业化、产业数字化及数据要素的发展。在数字产业化方面，全球 5G 发展迅速。爱立信预测，2029 年，全球 5G 签约数将从 16 亿人次增至 56 亿人次，增幅超过 230%；全球移动通信系统协会（GSMA）发布的《2022 年移动经济报告》预测，2025 年，5G 连接数将超过 20 亿个，较 2022 年增长了一倍，5G 全球人口覆盖率将从 30.6%增长至 50%。在产业数字化方面，全球产业数字化转型发展进入规模化扩张和深度应用阶段，推动产业向高端化、智能化、绿色化、融合化方向发展，助力提升产业链供应链韧性和安全。根据国际机器人联合会数据[①]显示，2026 年，全球工业机器人安装数量将达到 71.8 万台（见图 1-17），将进一步加速产业数字化进程。未来，数字化转型将成为全球数字经济发展的重要推动力，全球数字经济发展呈加快趋势。

---

① 《全球数字经济发展白皮书（2023 年）》，2023 年 7 月。

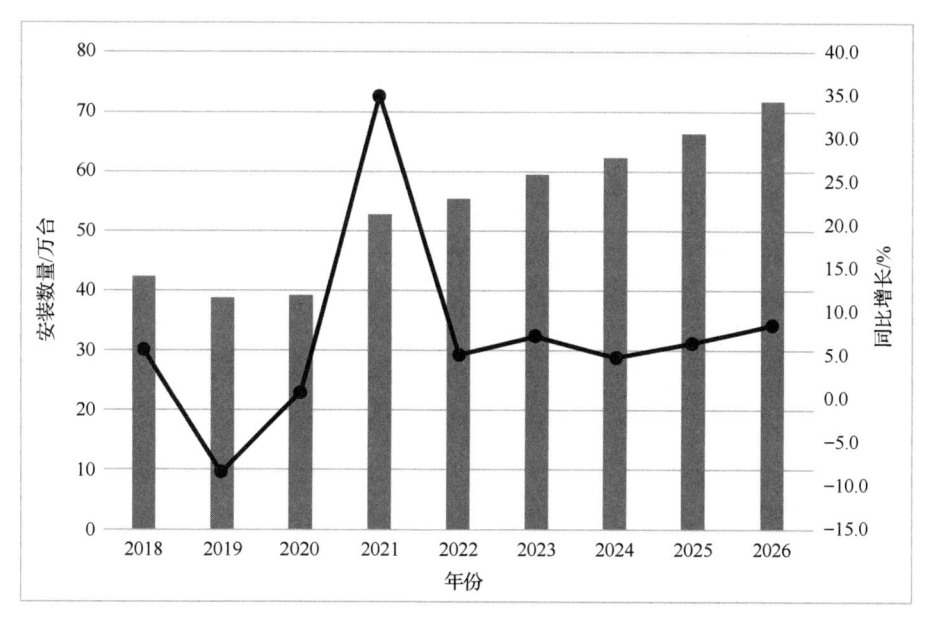

图 1-17　2018—2026 年全球工业机器人安装情况

（数据来源：International Federation of Robotics，赛迪智库整理）

二、绿色发展具有鲜明特征，"双碳"经济发展成为主流趋势

（一）绿色发展将是科技创新驱动的可持续发展

随着全球环境问题的日益严重，绿色发展已经成为新工业革命发展的内在要求。绿色发展是一种以可持续发展为目标、以环境保护为核心、以科技创新为驱动的发展模式。未来，绿色发展更加强调生态优先，更加注重资源的节约和高效利用，更加注重发展循环经济，更加需要科技创新的支撑和引领。科技创新是推动绿色发展的重要驱动力，2025 年，全球环境、社会和公司治理（ESG）投资规模将达到 53 万亿美元，占全球总资产的三分之一以上。

> **专栏 1-1　欧洲典型实践案例**[①]
>
> 为了促进绿色发展，欧洲各国采取了一系列措施。
>
> **数据中心的 KPI4DCE 指标体系**
>
> 德国联邦环境署（UBA）创建了用于数据中心的 KPI4DCE 指标体系，以确定数据中心的能源和资源效率。KPI4DCE 指标体系不仅包括电源使用效率（PUE）和全球变暖潜能（GWP）等能源效率指标，而且包括原材料需求、累积能量需求（CED）和非生物耗尽潜力（ADP）等指标。
>
> **绿色信息与通信技术（ICT）设备采购**
>
> 通过 ICT 设备制造产品需要消耗更多的能源，技术越高能源消耗越大，对环境造成的影响也越大。在采购过程中考虑可持续标准，以促进设备延长使用寿命及提高重复利用率，进而大大减少 ICT 设备使用对环境的影响。政府和企业应采取可持续的 ICT 设备采购策略，以减少环境影响，如德国的蓝天使（Blue Angel）等生态标签，是 ICT 设备采购的重要标志，可为消费者提供明确指导。
>
> **数字基础设施的环境影响透明度**
>
> 通过实施数据中心的可持续能源认证，以实现数字基础设施对环境影响的透明度管理，从而更好地规划和推动数字基础设施的扩展。云服务应该标明每个服务单位的碳足迹，激励云服务提供商提供环境友好的服务。此外，电信网络运营商应为其服务标明每个传输单位的碳足迹，便于客户能够选择更环保的传输路径。

（二）"双碳"经济将成为新工业革命发展的主流趋势

"双碳"经济是通过减少碳排放和增加碳吸收，实现碳中和的经济模式。

[①] 中国环境与发展国际合作委员会（CCICED）：《数字化与绿色技术促进可持续发展》，国研网编译，2022 年 7 月。

在新工业革命发展中,"双碳"经济成为全球各国的共识,逐渐成为引领未来经济发展的新方向。将碳中和、碳减排列入立法的部分国家和地区如表1-1所示。目前,全球已经有130多个国家和地区将碳中和、碳减排列入国家立法,明确了中期和终期碳中和目标,并把"双碳"经济视为促进产业升级和转型的重要途径。传统的高能耗、高排放的产业模式已经无法适应新的经济发展需求,"双碳"经济的提出为产业升级和转型提供了新的思路。通过采用清洁能源、提高能源利用效率、发展低碳技术等措施,可以实现产业结构的优化和升级,提高经济发展的质量和效益。此外,在"双碳"经济的推动下,新的商业模式和市场机会不断涌现。例如,绿色金融、碳交易、低碳技术研发等领域的市场前景广阔,为投资者提供了新的投资方向。

表1-1 将碳中和、碳减排列入立法的部分国家和地区

国家和地区	更新时间	中期目标时间	中期目标（基线年；减排量）	终期目标时间	终期目标（基线年；减排量）
荷兰	2022年5月23日	2030年	1990年；49.0%	2050年	1990年；95.0%
韩国	2022年6月22日	2030年	2017年；24.4%	2050年	碳中和
英国	2022年5月18日	2030年	1990年；68.0%	2050年	碳中和
俄罗斯	2022年4月26日	2030年	1990年；70.0%	2050年	碳中和
日本	2022年6月22日	2030年	2013年；46.0%	2050年	碳中和
欧盟	2022年6月22日	2030年	1990年；55.0%	2050年	碳中和
德国	2022年6月1日	2030年	1990年；65.0%	2050年	碳中和
法国	2022年4月24日	2030年	1990年；55.0%	2050年	碳中和
加拿大	2022年4月24日	2030年	2005年；45.0%	2050年	碳中和
澳大利亚	2022年4月26日	2030年	2005年；26.0%	2050年	碳中和
美国	2022年8月26日	2030年	2010年；60.0%	2050年	碳中和
巴拉圭	2022年5月25日	—	2014年；20.0%	2030年	减排量较基准情景（BAU）：20.0%
智利	2022年9月29日	2025年	2017年；22.8%	2050年	碳中和
埃及	2022年6月1日	—	—	2030年	其他
摩洛哥	2022年5月2日	—	—	2030年	减排量较基准情景（BAU）：18.3%
安哥拉	2022年5月2日	2025年	2015年；14.0%	2023年	2015年；21.0%

资料来源：网络公开资料，赛迪智库整理

CHAPTER 2

第二章
新工业革命为跨越式发展
带来的机遇和挑战

新工业革命的蓬勃发展衍生出人工智能、区块链、新能源、新材料等前沿技术，极大地促进了人类经济与社会发展。对于全球各国产业发展来说，既充满了机遇，又带来了挑战。如何紧抓新工业革命发展机遇，推进各国制造业实现跨越式发展，成为亟须解决的时代命题。

第一节　新工业革命为跨越式发展带来的机遇

当下，世界各国抢抓新工业革命机遇，致力于升级产业结构、培育新兴产业；提高生产效率、优化资源利用；创造就业机会、促进社会发展。

一、新工业革命有助于升级产业结构、培育新兴产业

（一）新工业革命促进传统产业升级

新工业革命为传统产业转型升级提供了技术支撑，如人工智能、大数据、物联网等。这些技术的应用不仅可以大幅提高传统产业的效率和竞争力，而且可以降低生产成本和减少人力投入，增强企业的盈利能力。印度政府推出了"制造在印度"计划，鼓励企业采用数字化、网络化、智能化的生产方式，提升制造业的竞争力。印度国家统计局预计，在政府支出增长和制造业回升的推动下，2023—2024年GDP同比增速达到7.3%，制造业占GDP的比重约为17%，同比增长6.5%。其中，电子设备、汽车、化工等行业的增长速度尤为明显。2021年，马来西亚政府推出"马来西亚数字经济蓝图"战略，为推动全国数字化转型奠定基础。马来西亚政府设定了在2030年将所有领域的商业生产力提高30%，并使数字经济对马来西亚GDP的贡献率达到22.6%的经济目标；同时制定了宏观的行动纲领，以实现马来西亚成为区域数字经济领导者的愿景。以电子商务垂直领域为例，2023年第3季度，马来西亚企业的电子商务收入同比增长5.4%，总计达到了2895亿林吉特。

（二）新工业革命推动新兴产业发展

新工业革命不仅推动了传统产业转型升级，而且催生了一系列新兴产业的发展。这些新兴产业，如新能源、新材料、生物医药、信息技术服务等，为世界各国的经济发展注入了新的活力。新工业革命为新兴产业的发展提供了广阔的空间。以新能源产业为例，国际能源署发布的《2023年可再生能源》年度市场报告显示，2023年全球可再生能源新增装机容量510GW，同比增长50%，这一同比增长速度比过去30年的任何时候都要快。国际能源署预测，在现有政策和市场条件下，预计全球可再生能源装机容量在2023—2028年将达到7300GW。到2025年年初，可再生能源将成为全球最主要的电力来源。该报告预测，未来5年风能和太阳能发电量将占新增可再生能源发电量的95%。风能和太阳能发电量将分别在2025年和2026年超过核电发电量。到2028年，风能和太阳能发电总量将翻一番。

二、新工业革命有助于提高生产效率、优化资源利用

（一）智能技术赋能生产制造

新工业革命推动了智能化生产的快速发展。通过引入先进的人工智能等技术，可以实现对生产过程的智能化控制和自动化操作，从而提高生产效率和产品质量。以工业机器人技术为例，根据国际机器人联合会发布的《2023世界机器人报告》，全球平均机器人密度为每万名员工拥有151台工业机器人，已达到历史最高水平。韩国机器人密度为每万名员工拥有1012台工业机器人，位居世界第一；新加坡机器人密度为每万名员工拥有730台工业机器人，位居世界第二；德国机器人密度为每万名员工拥有415台工业机器人，位居世界第三。根据高工机器人产业研究所（GGII）统计数据，2023年，中国工业机器人市场销量为31.6万台，同比增长4.29%，预计2024年中国工业机器人市场销量将突破32万台。此外，一些企业也在智能制造领域取

得了显著的成果。例如，海尔集团通过引入物联网、大数据等技术，实现了生产过程的全程可视化和实时监控，大大提高了生产效率和产品质量。据统计，海尔集团的生产线自动化率已经达到了 72%，产品不良率降低了 50%。同时，人工智能也在改变着中国的农业生产方式。据中国科学院农业政策研究中心的报告，通过引入无人机、智能传感器等技术，中国的农业生产效率提高了 20% 以上，农产品质量也得到了显著提升。

（二）数字技术赋能生产制造

新工业革命推动了数字化生产的普及和发展。通过引入数字技术，可以优化生产流程、提高生产效率，还可以实现生产数据的实时采集、分析和应用。各国利用数字技术为生产决策提供科学依据，推动产业链的整合和升级。以越南为例，数字经济对越南 GDP 的贡献率持续上升，显示出强大的发展潜力。越南《数字经济和数字社会发展战略》提出了"2025 年实现数字经济占 GDP 的 20% 和 2030 年实现数字经济占 GDP 的 30%"的发展目标，要发展智能制造、绿色能源和数字经济等新兴产业，以实现经济的高质量发展。印度政府在"印度制造"计划中明确提出，通过数字化推动自动化和智能化，提升制造业的竞争力。同时，印度政府还推出了一系列政策，包括提供税收优惠、资金支持和技术援助，以鼓励企业进行技术创新和产业升级。新工业革命还为发展中国家提供了实现产业升级的市场机遇。巴西政府于 2023 年推出了一项新的数字经济增长计划，以改善数字包容性和连通性，该计划涉及约 280 亿雷亚尔的投资，投资资金的大部分（总计 185 亿雷亚尔）将专门用于部署 5G 基础设施、扩大 4G 覆盖范围，以及建设 28 条"数字信息高速公路"。

（三）绿色技术赋能生产制造

新工业革命推动了绿色化生产的进程。政府通过推动绿色化生产，降低工业生产的能耗和排放，提高资源利用效率，在达到环保要求的同时，降低生产成本，提高产品竞争力。例如，欧盟于2019年12月发布了《欧洲绿色协议》，并于2020年决定将2030年温室气体阶段性减排目标比例从此前的40%提升至55%。在清洁能源技术的研发和使用上，欧洲委员会计划到2030年，光伏和电池等关键技术的本土制造能力达到40%。2023年，欧洲委员会发布的《净零工业法案》指出，到2030年，欧盟本土光伏制造装机能力至少达到30GW；风机和热泵的制造能力至少分别达到36GW和31GW；电池的制造能力至少达到550GWh，力图满足欧盟近90%的年需求；电解槽制氢总装机容量至少达到100GW。印度政府也制定了一系列政策和措施，鼓励企业采用清洁能源和环保技术。互联网内容评级协会（ICRA）数据显示，目前印度的太阳能发电装机容量约为73GW。预计到2024年和2025年，印度新增太阳能发电容量将分别达到17GW和20GW。ICRA预计，到2025年3月，印度的可再生能源装机容量将从2023年10月的132GW增加到约170GW，印度太阳能装机容量将从2023年10月的72GW增加到104GW。

三、新工业革命有助于创造就业机会、促进社会发展

（一）新工业革命创造就业机会

新工业革命推动了许多新兴行业和技术领域的发展，从而创造了大量的就业机会。随着新工业革命的推进，一些传统行业可能会受到冲击，但也会有新兴行业和岗位的出现。例如，人工智能、机器学习、大数据、云计算等领域的需求不断增长，需要专业人才开发、应用和维护相关技术。这为年轻人、科技专家和创业者提供了新的就业机会和创业机会。《2023雇佣关系趋势报告》显示，新兴产业动能加速释放，带动相关行业人才需求强劲增长。2023年1—6月，新能源行业招聘职位数同比增速为36.1%，新制造领域的工业自动化行业招聘职位数同比增速为6.9%。从数字职业招聘需求占比来看，生产、加工、制造行业从2022年的12.6%大幅扩大到2023年上半年的17.0%，增长比较明显的还有能源、矿产、环保行业。

（二）新工业革命推动社会发展

新工业革命的技术应用与创新对社会发展具有重要的推动作用。智能城市的建设和数字化的公共服务可以提高城市管理和居民生活质量。数字化的医疗系统可以提供更好的医疗保健和远程医疗服务，以改善人们的健康状况。教育和培训领域的技术创新可以提供更灵活和个性化的学习机会，促进人才培养和人力资源的发展。以人工智能的政务应用为例，美国在2023年4月成立了人工智能工作小组，支持国会工作人员测试和使用人工智能工具辅助办公。

第二节 新工业革命为跨越式发展带来的挑战

在世界各国抢抓新机遇的同时，需警惕新工业革命浪潮带来的多维度挑战。例如，人才供给不均、失业风险上升；数字鸿沟显著、全球发展失衡；技术壁垒高筑、全球竞争加剧。

一、人才供给不均、失业风险上升

新工业革命涉及先进的智能化和数字化技术转型，对传统产业和生产模式提出了新的要求，新技术对传统劳动力的挤出效应和替代效应非常明显。例如，精度高的机械臂或机器人和计算能力强的人工智能将对从事重复机械劳动的劳动力形成生产效率及用工成本上的巨大优势。这将直接导致"研发—生产—销售"产业价值链中生产环节对人力需求降低，而过剩的劳动力无法被研发和销售环节吸收。2023年5月，世界经济论坛发布的《2023年未来就业报告》显示，未来5年内，由于人工智能、数字化转型，以及绿色能源转型和供应链回流等方面快速发展，全球近25%的工作岗位将发生变化。该报告预测，人工智能将淘汰多达2600万个记录和行政职位，如收银员、票务员、数据录入员和会计。此外，有些中低等技能的职位将会受到人工智能的冲击。韩国雇佣信息院调查显示，到 2025 年，韩国将有 70.6%的业务内容可以被人工智能和机器人所取代，涉及约 1575 万个劳动岗位。

二、数字鸿沟显著、全球发展失衡

新工业革命背景下互联网及应用得到大力普及和推广，但在一些国家和地区，由于经济条件、地理位置和基础设施等因素，部分群体无法获得可靠的互联网连接。这导致了信息获取和数字服务的不平等，使那些未接入互联网的群体无法享受新工业革命所带来的机遇。国际电信联盟（ITU）发布的《2023 年事实和数字》报告显示，全球互联网连接取得了稳步增长，但其分布并不均衡。欧洲和美洲约有 90%的人口使用互联网，阿拉伯国家和亚太地区约有 67%的人口使用互联网，而非洲只有约 37%的人口使用互联网，这一情况凸显了"数字鸿沟"的国别差异。由于固定网络接入的价格相对昂贵且缺乏基础设施，低收入国家平均每 100 人中只有 1 名固定宽带用户，2023 年仍有 26 亿人处于"离线"状态。另外，2022 年，全球固定宽带账户的月平均数据使用量为 257GB，移动宽带账户的月平均数据使用量为 11GB。值得注意的是，低收入国家固定宽带账户的月平均数据使用量为 161GB，移动宽带账户的月平均数据使用量为 1GB。

三、技术壁垒高筑、全球竞争加剧

新工业革命推动了全球经济的深度融合和跨国产业链的重塑，使得全球产业竞争更加激烈，发达国家在新工业革命中的领先地位面临挑战。新兴经济体和发展中国家通过采用新技术、推广新模式新业态，加快追赶发达国家。同时，一些发达国家开始实施技术封锁和产业回流政策以保护自身利益，进一步导致发展中国家被锁定在低端环节，在制造业方面难以实现跨越式发展。时任美国总统拜登于 2023 年 8 月签署行政令，限制美国在所谓敏感高科技领域的部分对华投资，包括半导体、量子计算和人工智能。同年 10 月，欧盟委员会建议跟进美国政策，对先进半导体、人工智能、量子技术和生物技术 4 个技术领域的技术出口进行风险评估，重点审查对华技术泄漏风险。日本与荷兰也已经达成共识，与美国保持同步，强化出口控制，限制对中国的部分芯片制造设备的销售。

第三节　新工业革命浪潮下中国制造业跨越式发展的关注点

新工业革命为众多国家或经济体实现制造业跨越式发展指引了方向。在认清经济发展规律前提下，中国推进制造业跨越式发展具有一定的历史必然性。在新发展阶段，加快推进中国产业科技创新步伐、助力中国产业链供应链调整与重塑、助推中国企业竞争范式转变、催生先进制造业与现代服务业融合发展新模式，成为制造业跨越式发展的关注焦点。

一、全球新工业革命促进中国制造业跨越式发展的历史必然性

新工业革命引领的产业变革在全球范围内受到普遍重视，中国更是顺应时代要求，通过积极推进人类命运共同体，尝试引领新工业革命的时代潮流。2013 年，中国首次提出共建人类命运共同体理念，深刻把握人类社会历史经验和发展规律，回应了各国人民求和平、谋发展、促合作的普遍诉求，充分展现了大国的世界情怀和责任担当。随后，中国相继提出共建"一带一路"倡议、全球发展倡议、全球安全倡议、全球文明倡议，同时提出，在全球发展倡议下推动新工业革命伙伴关系建设，助力其他发展中国家提高把握新工业革命的能力。

"一带一路"高质量发展顺应了新工业革命的发展趋势。"一带一路"实施以来，形成了各类合作伙伴关系，"一带一路"建设更是向高质量发展阶段迈进，包括立体互联互通网络、绿色发展理念、科技创新共识等，这些与新工业革命的发展特征高度契合。为此，中国在践行新工业革命、推动"一带一路"建设的道路上成绩斐然，特别是在数字经济、人工智能等前沿领域，

建设数字丝绸之路和创新丝绸之路，顺应新工业革命以技术创新为核心的发展趋势，推动"一带一路"合作伙伴实现共同发展。

新工业革命是践行全球发展倡议的动力源泉。全球发展倡议阐释发展的动力来源于创新，抓住新一轮科技革命和产业变革的历史性契机，加速科技成果向现实生产力转化，实现跨越式发展。当前，新技术革命蓬勃发展，中国已通过全球发展倡议凝聚共识，分享新工业革命带来的发展红利，助力发展中国家提高工业化水平。基于此，共同抓住新工业革命机遇、践行全球发展倡议，能够促进新兴市场国家产业发展、完善其工业体系化水平，最终形成合作共赢、命运与共的良性循环。

二、全球新工业革命加快推进中国产业科技创新步伐

当前，世界百年变局加速演进，新一轮科技革命和产业变革深入发展。2023 年 9 月 7 日，新时代推动东北全面振兴座谈会强调，积极培育新能源、新材料、先进制造、电子信息等战略性新兴产业，积极培育未来产业，加快形成新质生产力，增强发展新动能。在全球新工业革命背景下，中国应积极整合和利用国内外创新资源，以科技创新为主导，加快突破颠覆性技术和关键共性技术，从而产生新质生产力，扎实推进制造业跨越式发展，助力经济实现高质量发展。

三、全球新工业革命助力中国产业链供应链调整与重塑

当前，科学技术的进步被视为全球产业链供应链演变的基石，为企业提供不断创新，以及改进产品、服务和流程的机遇。国际形势的不断变化要求各国市场主体重视产业安全问题，刺激了产业链供应链的重塑，以确保产业链供应链畅通与稳定。在全球新工业革命背景下，中国亟须发挥自身优势，构建自主可控、安全高效的产业链供应链，打造"以我为主"的区域产业链供应链体系，推进产业链供应链优化升级，不断增强产业链韧性和国际竞争

力，保障产业链供应链安全与稳定。

四、全球新工业革命助推中国企业竞争范式转变

随着全球新工业革命的加速演进，智能化、数字化、网络化带动的产业数字化、数字产业化方兴未艾，对全球资源配置、产业结构、竞争格局产生了深刻影响，催生了大量新产业、新业态、新模式。更为重要的是，全球新工业革命开辟了新的竞争赛道，推动大中小企业竞争范式发生新的变化，主要体现为大企业带动中小企业实现全产业链协同发展、新技术引领下新业态竞争型企业模式多变，以及新品牌加持、市场流量导入成为竞争新趋势。在全球新工业革命背景下，为了提升国际竞争力，中国企业特别是制造业企业需要重新思考和定位其竞争范式，努力学习和适应国际竞争规则；具有优势的企业应积极参与国际规则制定，以期能够在今后的发展中逐步转向高水平竞争。

五、全球新工业革命催生先进制造业与现代服务业融合发展新模式

从产业经济学视角看，先进制造业与现代服务业融合发展符合工业化后期产业发展的规律，也是制造业与服务业转型发展的重要方向。以人工智能、区块链、物联网等为代表的系列新技术不断取得突破，推进新一轮科技革命和产业变革走向深入，同时加快传统产业转型和消费升级换挡。制造业企业和相关市场主体之间通过协同研发创新、深化业务关联、技术互相渗透溢出，以及产业链供应链交叉、延伸和完善等途径，加快推进先进制造业与现代服务业融合发展步伐，进而衍生出个性化定制、供应链管理、信息服务等多种服务型制造新业态、新模式。在全球新工业革命背景下，中国亟须紧抓先进制造业与现代服务业融合发展趋势，不断推进制造业向价值链中高端迈进，提升服务业国际化水平，提高产业综合竞争力。

理论篇

CHAPTER
3

第三章
相关理论研究

理论和综述研究是实证分析的基础，只有深入理解新工业革命和跨越式发展概念的含义，以及过往学者对二者的论述，才能明确如何在新形势下以稳健的步伐走出中国制造业跨越式发展道路。本章从工业革命的定义开始，逐步梳理出新工业革命和制造业跨越式发展的内涵和特征，并讨论了新工业革命下制造业跨越式发展面临的问题。

第一节　新工业革命的理论研究

一、工业革命经典概念

工业革命这一概念最早由弗里德里希·恩格斯在其 1845 年的作品《英国工人阶级状况》中使用。此后，工业革命在约翰·斯图亚特·穆勒的《政治经济学原理》及卡尔·马克思的《资本论》中皆有提及。一直到 1884 年阿诺德·汤因比的《英国工业革命演讲稿》出版，工业革命一词开始广为流传。从文献资料看，工业革命的具体定义目前学术界尚未完全达成共识。杰里米·里夫金对工业革命的解释在西方学界影响深远，他指出，当技术创新在能源、通信和交通这三个不同领域汇聚时，工业革命就会发生，且旧的劳动力会让位于效率更高的新技术，带来一场"无就业的复苏"[1],[2]。中国学者芮明杰认为工业革命是某项重大技术突破引发了新兴制造产业的产生，使得制造业的生产方式、制造模式和组织方式发生重大的变化[3]。闫海潮则认为，单项技术不足以引发新一轮工业革命，只有产生新科技应用集群并带来人类生产方式的重大变革才可称之为工业革命[4]。

尽管国内外学者在具体定义上存在分歧，但可以归纳工业革命这一概念展现出的一些共性。一是技术作为工业体系的重要因素，技术突破是推动工

---

[1] Jeremy Rifkin. End of work [M]. New York: G. P. Putnam's Sons, 1995。
[2] Jeremy Rifkin. The Third Industrial Revolution [M]. London: Palgrave MacMillan, 2011。
[3] 芮明杰. 新一轮工业革命正在叩门，中国怎么办[J]. 当代财经，2012, (8): 5-12。
[4] 闫海潮. 第三次工业革命的特点及其对中国的启示[J]. 毛泽东邓小平理论研究，2013, (3): 69-74。

业变革的必要条件。二是工业革命必须进一步落实在产业的生产方式和组织结构变革上。三是工业革命会进一步影响社会经济的分配模式。上述这三点共性对总结一个严谨且有原创性的工业革命定义有重要的指导意义，即工业革命的核心内涵在于"技术—产业—经济"之间的联系，工业革命同时是技术、产业、经济的变革。首先是技术的突破具有推动作用；其次是新兴技术在产业中的大规模应用引发整体的组织结构发生变革；最后是经济进入新一轮的扩张周期，并引起全球的经济与社会变革。

二、历次工业革命

虽然历次工业革命发生的时代背景不同，但它们的共同点在于以技术为核心驱动力，促使产业模式发生变革与创新，最终落实到国家和地区的经济增长与社会发展上。通过对历次工业革命的技术突破、产业转型、经济变革等进行梳理和分析，有助于对中国制造业跨越式发展进行更深入的理解。历次工业革命划分梳理如表 3-1 所示。

表 3-1 历次工业革命划分梳理

工业革命	起始时间	发源地	技术突破	产业转型	经济变革
第一次	18 世纪 60 年代	英国	蒸汽机	蒸汽化	工厂化、殖民化加速
第二次	19 世纪 60 年代	德国	发电机、内燃机	电气化	集中生产、泰勒制、国际垄断
第三次	20 世纪 40 年代	美国	计算机	信息化	扁平化、网络化、两极化格局
第四次	20 世纪 90 年代	发达国家	互联网等数字技术	数字化	离散化、全球分工、数字鸿沟

注：根据部分学者、专家意见总结第四次工业革命内容。
资料来源：赛迪智库整理

1. 第一次工业革命

第一次工业革命起源于英国，随后在整个欧洲大陆传播，并于 19 世纪传播至北美，以蒸汽技术为核心驱动力，纺织业、采矿业、运输业等产业先后大规模应用蒸汽机提高生产效率,导致工厂化社会生产组织形式出现,最终加速了欧洲全球殖民扩张的步伐。

技术突破方面:蒸汽机的发明是第一次工业革命的核心。詹姆斯·瓦特经过二十余年的不懈努力,成功克服以往蒸汽机的各种问题,制造出可以供工业使用的蒸汽机。蒸汽动力促使了不同领域新产业新业态的涌现,从纺织厂到轮船再到铁路,数量庞大的发明无一不是依赖于蒸汽动力而产生的。

产业转型方面:蒸汽机技术促进了机器大工业的发展。纺织业最早受益,利用蒸汽动力推动滚轧机和鼓风机,大大提高了生产效率。采矿业也因浮动式蒸汽机问世而得到生产力的解放。运输业的革命最为显著,1803年,蒸汽机被用来推动轨道机车,火车的雏形由此产生;1814年,乔治·斯蒂芬森发明并运行了第一台蒸汽机车。

经济变革方面:在第一次工业革命之前,欧洲经济主要以农业为主。随着蒸汽技术在各产业中的应用,工厂制的经济组织形式开始出现。与此同时,强劲的社会经济和生产力的增长为欧洲提供了优越的物质基础,促进了当时商业经济的发展,加速了其开拓海外市场。

2. 第二次工业革命

第二次工业革命发生在19世纪60年代以德国为首的中欧,以及西欧、美国和日本,以发电机和内燃机为技术突破,动力设备、运输业、轻工业被新兴技术赋能,导致产业组织形式出现三大变革,推动国际垄断集团建立资本主义世界体系。

技术突破方面:代表性工业技术是发电机和内燃机。与源自工业实践的第一次工业革命不同,第二次工业革命主要受到当时先进科学理论的推动作用。楞次定律等电磁科学理论的突破推动了法拉第发明圆盘发电机;能量守恒和转化理论促进了活塞式内燃机的雏形于20世纪60年代问世。

产业转型方面:发电机与内燃机的问世直接推动了动力设备行业的颠覆

性革命。一方面，继蒸汽机之后，发电机的产业应用又一次突破性地改变了动力设备；在通信行业领域，有线电话和无线电相继试验成功。另一方面，内燃机的应用则主要体现在运输行业，依托其热效率高、灵活方便、功率大、转速范围宽等优点，迅速成为应用最多的动力装置。

经济变革方面：发电机和内燃机的出现带动了原材料种类的增加、生产效率的进一步提高、专业管理岗位的出现。此外，第二次工业革命导致了垄断资本主义的形成，国家机构开始和垄断组织结合。大企业越来越多地干预国家的经济、政治生活，同时跨出国界形成国际垄断集团。

3. 第三次工业革命

第三次工业革命出现在20世纪40年代的美国，苏联也紧随其后成为该次工业革命主要参与者，同时，以计算机技术为核心驱动力，出现了合成材料、航空航天、原子能等新行业领域，传统工业也受到影响而形成新的生产模式，国内扁平化、网络化的产业格局开始显现，国际两极化格局形势加剧。

技术突破方面：电子计算机的迭代和完善标志着第三次工业革命的到来。从1946年世界上第一台通用计算机——电子数字积分计算机（ENIAC）问世，到1971年超大规模集成电路计算机出现，计算机在体积、耗电、稳定性上有了质的飞跃。此后，微处理器和微型计算机出现，家用计算机开始普及。

产业转型方面：一是信息化向更广的范围发展，计算机被应用于新领域，新产业随之诞生。二是信息化被应用于传统行业，并向高精尖的新业态发展。随着信息技术的迭代速度越来越快，科学技术在推动生产力的发展方面起到越来越重要的作用，科学技术转化为直接生产力的速度加快，小规模产业转型每数年就发生一次。

经济变革方面：一方面，出现了扁平化和网络化趋势。计算机技术的发展加速了企业间信息传递的效率，进而促进了企业内部的协作逐渐转向企业间的协作。另一方面，信息化的发展加剧了国际社会的两极格局。美国和苏联之间的竞争在计算机技术的加持下拓展到了更多的高精尖领域。

4. 第四次工业革命

第四次工业革命发生于 20 世纪 90 年代初期的发达国家与新兴经济体，以互联网等数字技术为突破，各种传统行业被数字技术赋能形成了新产业或大大提高其生产效率，在促进经济增长的同时全球分工更加不可逆，全球南北之间的"数字鸿沟"问题也开始显现。

技术突破方面：互联网等数字技术的快速发展引发了第四次工业革命。在 20 世纪 80 年代末期，互联网逐步开始转向商业化。随着 20 世纪 90 年代个人电脑和网络接入的普及，互联网的发展呈现出全球化态势，实现了跨国界的信息共享和交流。

产业转型方面：互联网赋能传统产业，使传统产业形成全新的产业模式或是大大提高其生产效率。生产商可以通过互联网在不同工厂、不同地区之间执行精准高效的生产调度，也可以和经销商、客户进行几乎无延迟的对接，实现更高效的生产，满足多样化的需求。

经济变革方面：数字技术催生了许多新产业、新业态。制造业与服务业融合趋于深入，需求端和供给端的数据通过互联网不断交汇，使得大规模定制成为可能。竞争全球化、原材料多样化、产业链跨国化逐渐显示出不可逆的态势，全球分工进入新阶段。但与此同时，落后国家和先进国家之间的"数字鸿沟"加速扩大。

三、新工业革命的内涵

新工业革命的蓬勃发展增强了各经济体间的产业合作，为各国或地区跨越式发展带来重要的机遇与空间。2018 年 7 月，金砖国家领导人约翰内斯堡会晤大范围会议上提出了共同建设金砖国家新工业革命伙伴关系的目标，同时会上呼吁以宏观政策协调和发展战略对接为抓手，推动产业经济结构转型升级。2020 年 11 月，金砖国家新工业革命伙伴关系创新基地在福建厦门成立，为政策协调、人才培养、项目开发等领域的合作提供宝贵平台。2022年6月，金砖国家新工业革命伙伴关系建设被落实到具体的产业层面，包括数字经济、智能制造、清洁能源、低碳技术等领域，助力各国产业结构转型升级。

新工业革命之所以被称作"工业革命"，是因为其核心内涵符合工业革命定义中"技术—产业—经济"三者间的密切联系。在技术突破方面，当下，新工业革命仍是一个十分模糊的概念，且不同研究者对当下驱动新工业革命的新兴技术有着不同理解。综合专家观点来看，新工业革命的技术突破并不局限于某一个特定的代表性技术，而是由数量众多的新兴技术与近年来新生的数据要素互相交融催生的"智能化技术集群"所驱动。在产业转型方面，随着"智能化技术集群"在各行各业中被更广泛地应用，新的应用场景得到不断创新和推广，产业数字化和数字产业化的趋势日益明显，成为中观层面产业发展的最大特点。在经济变革方面，新工业革命与前几次工业革命类似，通过赋能传统产业和开拓新兴产业与未来产业，提高生产效率，刺激经济增长，推动整个经济社会变革与发展，实现国民收入增长。

第二节　制造业跨越式发展的理论研究

一、制造业跨越式发展的内涵

党的十九大作出了我国经济已由高速增长阶段转向高质量发展阶段的重大判断，并明确指出，建设现代化经济体系，必须把发展经济的着力点放在实体经济上，把提高供给体系质量作为主攻方向，显著增强经济质量优势。制造业高质量发展是经济高质量发展的重要内容，是全面建成小康社会、全面建设社会主义现代化国家的关键战略支撑。2018年12月，中央经济工作会议指出，"推动制造业高质量发展。要推动先进制造业和现代服务业深度融合，坚定不移建设制造强国"。2019年4月，中共中央政治局会议提出，要把推动制造业高质量发展作为稳增长的重要依托,引导传统产业加快转型升级,做强做大新兴产业。2023年9月,习近平总书记在黑龙江考察时强调,要立足于现有产业基础,扎实推进先进制造业高质量发展,加快推动传统制造业升级,发挥科技创新的增量器作用,全面提升三次产业,不断优化经济结构、调整产业结构。整合科技创新资源,引领发展战略性新兴产业和未来产业,加快形成新质生产力。

从发展经济学视角来看,制造业跨越式发展尚没有统一的定义或概念。历次工业革命的经验证明,一方面,工业革命必能带动一个国家或地区的工业快速发展,推动经济社会发生质的变化和提升。另一方面,全球制造业的发展历史,也是工业革命推动工业(制造业)不断升级,逐渐实现跨越式发展的历史。在新一轮工业革命浪潮下,制造业跨越式发展的内涵是指在特定的历史时期,一个国家或地区通过整合创新资源,提高创新能力,提升制造业质量效益,加快产业转型升级,积极培育新兴产业,进一步提高产业竞争力和国际影响力,从而跳级式跨过传统工业发展阶段,加速实现现代化的一种战略选择。

二、制造业跨越式发展的特征

在新工业革命浪潮下,制造业跨越式发展是中国迈入工业化发展新阶段后,发展理念、发展模式、产业结构、发展动力、发展目标等系统性变革的过程。在新一轮科技革命和产业变革背景下,制造业跨越式发展的特征体现为创新能力、质量效益、市场主体、融合发展四个方面的跨越。

创新能力的跨越体现为科学技术创新能力的提升和进步。伴随着一个国家或地区研发投入的增加,数字化、网络化、智能化技术不断涌现,甚至出现影响世界发展的颠覆性技术,技术创新、设计创新、应用创新等日益涌现,加快推进制造业跨越式发展。

质量效益的跨越体现为一个国家或地区质量效益的提升。随着经济发展、技术进步，一个国家或地区由关注"规模增长"转向"质量与效益提升"，从而带来了劳动生产率的快速增长，助推制造业跨越式发展。

市场主体的跨越体现为新技术场景在各类市场主体的创新与应用突破既有发展模式，带动新业态、新模式出现。平台经济日益成为重要的产业发展载体，智能制造、绿色制造、服务型制造模式在企业的应用层出不穷，进一步促使区域性制造业知名品牌数量增多，加速制造业品牌影响力逐步提升，促进制造业跨越式发展。

产业的发展更加注重绿色和环保成为制造业跨越式发展的关键。当前制造业的融合发展与以往几次工业革命中制造业相对独立的发展模式不同，先进制造业与现代服务业的融合成为制造业跨越式发展的重要组成部分。

第三节　制造业跨越式发展评价指标体系

通过搜集资料和查阅文献发现，目前没有单独以跨越式发展作为指标体系对制造业进行衡量的文献，研究最多的是制造业高质量发展指标体系，以此来衡量中国制造业发展水平。因此，本书以制造业高质量发展指标体系为参考基础，提出和构建制造业跨越式发展评价指标体系。

一、相关研究

国内部分学者与专家提出，通过建立制造业高质量发展指标体系，可以生动体现制造业发展成效，并且进一步把理论研究变得更为直观。吕铁等人用制造业劳动生产率、制造业研发投入强度、单位制造业增加值的全球发明专利授权量、高技术产品贸易竞争优势指数、制造业单位能源利用效率5项指标衡量制造业的发展质量水平，采用与美国、日本、德国和韩国对比分析的方法，发现2017年中国制造业与全球制造业高质量发展标杆存在很大差距[①]。赛迪研究院张文会和乔宝华提出的制造业高质量发展指标体系包括创新驱动、结构优化、效益效率、品牌质量、绿色发展和融合发展等方面，以便更好地引导各地区制造业高质量发展[②]。2013年，中国工程院与工业和信息化部制造强国战略研究课题组构建了制造强国指标体系。2020年，国家发展和改革委员会产业经济与技术经济研究所在中国工程院提出的指标体系基础上，提出了优化改进后的制造业高质量发展指标体系。

二、指标体系的构建

从制造业跨越式发展的内涵和特征着手，坚持系统性、可比性与可量化的原则，在文献梳理、理论分析、系统研究大量文献材料的基础之上，根据2023年召开的新型工业化大会对制造业发展的要求，笔者提出了制造业跨越式发展评价指标体系，该指标体系包括创新能力、质量效益、市场主体、融合发展4个方面（见表3-2）。

表3-2 制造业跨越式发展评价指标体系

主要方面	采用指标	指标权重/%	
创新能力	研发经费投入强度	30	20
	研发人员占从业人员比重		10
质量效益	制造业劳动生产率	20	10
	产业链供应链压力测试指数		10
市场主体	制造业国际品牌数量	30	15
	制造业单项冠军企业数量		15
融合发展	单位工业增加值能耗	20	10
	服务型制造企业数量		10

创新能力：制造业跨越式发展的过程是技术进步的过程，也是科技创新与变革的过程。科技创新要求生产更多更好的产品，不断提高生产效率。研

[①] 吕铁，刘丹. 制造业高质量发展：差距、问题与举措[J]. 学习与探索, 2019, (1): 111-117.
[②] 张文会，乔宝华. 构建我国制造业高质量发展指标体系的几点思考[J]. 工业经济论坛, 2018, 5(4): 27-32.

发经费投入强度通过制造业研究与开发经费内部支出与其主营业务收入的比值来衡量，这个比值越高，则该领域的创新能力越强。研发人员占从业人员比重高，能更好地说明一个地区的科技创新能力高于其他地区。

质量效益：如果没有一定的经济效益，企业就难以得到持续创新和发展，国民经济的良性发展循环就缺乏根本性支撑。制造业劳动生产率的提升能够直接为国民经济带来巨大的经济效益，制造业劳动生产率运用工业增加值与劳动力就业人数的比值表示。在当前世界发展格局下，产业链供应链的完整度代表一个国家或经济体产业竞争力水平。产业链供应链压力测试指数能够反映一个国家或经济体对产业链供应链的掌控能力。

市场主体：在一个高度全球化的经济环境中，任何有竞争力的产品既要满足国内需求，又要能够参与国际竞争。如果不积极参与国际竞争，就难以充分利用或借鉴国际先进技术和创新成果提高产品自身的竞争力。一个国家或经济体的全球 500 强制造业国际品牌数量越多，意味着其国际竞争力越强。制造业单项冠军企业在行业内具有绝对优势，其数量充分体现了一个国家或经济体的制造业跨越式发展水平。

融合发展：制造业跨越式发展从来不是对立的，必须以绿色发展和可持续发展为根本，大力推进先进制造业和现代服务业融合发展。单位工业增加值能耗可以说明企业在生产过程中的能源消耗情况。服务型制造企业数量体现了一个国家或地区的融合发展水平。

指标解释和参考数据来源：

（1）研发经费投入强度（%）：制造业研究与开发经费内部支出/主营业务收入。参考数据来源：世界银行等。

（2）研发人员占从业人员比重（%）：规模以上工业企业研发人员占工业从业人员比重。参考数据来源：世界银行、国际劳工组织、统计部门等。

（3）制造业劳动生产率（%）：工业增加值/劳动力就业人数。参考数据

来源：国际劳工组织等。

（4）产业链供应链压力测试指数。参考数据来源：由工业和信息化部下属单位中国电子信息产业发展研究院编制。

（5）制造业国际品牌数量（个）：全球500强制造业国际品牌数量。参考数据来源：世界品牌实验室等。

（6）制造业单项冠军企业数量（家）。参考数据来源：世界隐形冠军协会、工业和信息化部等。

（7）单位工业增加值能耗（%）：能源消耗总量/工业增加值总额。参考数据来源：国际能源署、世界银行等。

（8）服务型制造企业数量（家）。参考数据来源：工业和信息化部。

三、制造业跨越式发展的关键路径选择

为解决中国制造业跨越式发展在科技创新能力、产业链供应链韧性与安全、市场主体竞争力、融合发展等方面存在的问题，加快推进制造业跨越式发展，可以选择以下关键路径。

加快科技创新与突破，推进制造业跨越式发展。在全球新工业革命背景下，创新驱动成为各国产业发展的重要战略。党的十八大以来，中国制造业面临的关键核心技术缺乏、产业基础能力薄弱的问题取得明显改善，但部分关键产品和核心技术仍依赖进口，必须加强科技创新投入，围绕产业链部署创新链，优化创新资源配置，推进制造业实现跨越式发展。

加快产业链供应链升级与调整，助推制造业跨越式发展。在全球新工业革命背景下，技术的进步被视为全球产业链供应链演变的基石，为企业提供了不断创新和改进产品、服务、流程的新机遇。中国亟须发挥自身优势，构建自主可控、安全高效的产业链供应链，打造"以我为主"的区域产业链供应链体系，推进产业链供应链优化升级，不断增强产业链韧性和国际竞争力，

保障产业链供应链安全与稳定。

加快转变制造业企业竞争范式，助力制造业跨越式发展。随着全球新工业革命的加速演进，产业数字化、数字产业化加速发展，大型企业或跨国企业对全球资源配置、产业结构与分工布局产生深刻影响，催生出大量新业态、新模式。中国制造业企业跨越式发展需重新思考和定位其竞争范式，努力学习和适应国际竞争规则，不断提高国际竞争力。

推进先进制造业与现代服务业融合发展，加快制造业跨越式发展。目前，以智能化、网络化等为代表的系列技术不断突破，加快了先进制造业与现代服务业融合发展步伐。先进制造业与现代服务业融合发展符合工业化后期产业发展的规律，也是制造业跨越式发展的重要推进方向。中国制造业亟须紧抓先进制造业与现代服务业融合发展趋势，不断推进制造业价值链向中高端迈进，提升服务业国际化水平，加快推进高质量发展。

产业篇

CHAPTER 4 | 第四章
产业科技创新促进制造业
跨越式发展

科技研发创新与突破推动制造业应用场景加速涌现，加快推进制造业实现跨越式发展。随着新工业革命的迅猛发展，新兴技术进一步打开了生产力发展新空间，新产业、新业态、新模式不断呈现新活力，全球产业跨越式发展进入绿色、智能和可持续发展的新阶段。全球各国根据自身比较优势，积极顺应产业跨越式发展的创新生态建设、数字化转型、绿色发展、智能化发展等新趋势。

一、创新生态建设成为跨越式发展的聚焦点

（一）创新是制造业跨越式发展的不变主题

在新一轮工业革命的浪潮中，创新无疑是推动制造业跨越式发展的核心动力。新工业革命催生新兴技术的不断涌现，驱动制造业跨越式发展。从数字化、智能化到生物技术、新材料等众多领域，新的科技成果不断涌现，为制造业跨越式发展提供了源源不断的动力。例如，人工智能、物联网、云计算等技术的广泛应用，使得生产过程更加智能化、高效化，大大提高了生产效率。根据 IC Insights 预测，2022—2026 年，全球半导体公司的研发支出将以 5.5%的复合年增长率增长，达到 1086 亿美元（见图 4-1）。同时，传统产业与新技术、新模式相结合形成新的产业链和产业生态，将支撑新工业革命发展的持续演进。例如，强生公司利用新技术打造碳中和工厂，完成碳减排计划。此外，共享经济、循环经济等新模式也逐渐成为新工业革命的重要支柱。

（二）创新生态成为制造业跨越式发展的重点

制造业跨越式发展不仅需要提升创新能力，而且需要构建创新生态体系，而这依赖于创新生态的建设，要改变过去只注重创新本身的观点，同时要建设以良好的创新环境等为重点的创新生态体系。美国发布的研究报告认为，美国在全球经济中的领导地位主要是依赖其建立的创新生态系统；同时

在美国的影响下，全球其他国家也积极布局制造业创新中心，截至 2024 年 3 月，中国已建立 29 家国家制造业创新中心，未来还将建设更多的国家制造业创新中心。多主体、多要素、多层次联动的产业创新生态体系将驱动制造业跨越式发展，新能源汽车、储能等新工业革命发展的重点产业将迎来快速发展期。

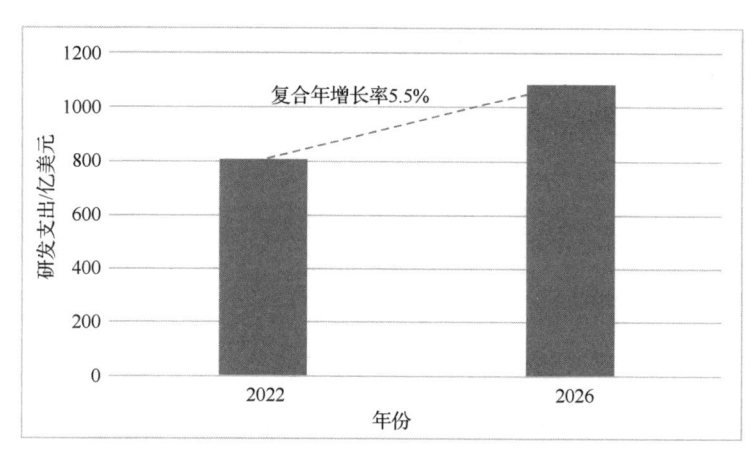

图 4-1　2022 年、2026 年全球半导体研发支出发展趋势

（数据来源：IC Insights，赛迪智库整理）

专栏 4-1　美国制造业创新网络

2011 年 6 月，为提高美国制造业竞争力，美国总统科技顾问委员会提议建立"先进制造业合作伙伴关系"，促进"政产学研"协同合作，提振美国先进制造业；同时，"先进制造业合作伙伴关系"指导委员会提出设立"国家制造业创新机构网络"。美国在 2013 财年预算提案中，提出建立美国制造业创新网络，建立 15 个制造业创新研究所。2014 年 12 月，美国国会通过了《振兴美国制造业与创新法案》，授权美国国会成立先进制造业国家计划办公室；同年，美国制造业创新网络成立，旨在提高美国制造业的竞争力。

美国制造业创新网络是会员制组织，为其成员提供愿景、领导力和资源，其通过工业界、学术界、国家实验室、联邦政府、州政府等形成强大的合作伙伴关系，加快美国先进制造能力发展，成为美国经济新动力的一部分。2021年，制造业创新研究所支撑了700多个重大应用研发项目，涉及2300多个不同组织，并为9万多人提供了先进制造业劳动力的开发和培训。

二、人工智能快速迭代发展，从专用到通用的跨越时有发生

（一）投资并购行为层出不穷

近年来，人工智能技术的快速发展引领了全球科技创新，人工智能自动化、大数据模型等新兴技术对全球发展格局产生了深远影响。总体来看，人工智能技术投资呈现迅速增长趋势，国际数据公司（IDC）预计，2027年，全球人工智能技术投资规模将增至4236亿美元，复合年增长率达到26.9%（见图4-2）。在融资领域，根据PitchBook公司数据，美国风投在人工智能领域融资额近12年以来的复合年增长率高达422.5%。在基础设施领域，根据Data Bridge数据，2029年，全球人工智能基础设施支出将达到4225.5亿美元，复合年增长率将达到44%。

（二）专用人工智能加快向通用人工智能转变

专用人工智能是人工智能技术针对特定领域的应用，目前，人工智能技术整体呈现由专用人工智能向通用人工智能转变的趋势，即更加普适的人工智能技术应用更加广泛。人工智能自动化和大数据模型迅猛发展，如ChatGPT等大语言模型，同时人工智能芯片集成极大地提高了人工智能的计算效率，从而大幅促进了人工智能的快速深度发展和广泛应用，为人工智能通用化提供了基础。通过不断优化算法、持续增强算力及大量积累数据，促使人工智能系统能够更好地理解和适应环境发展的需求。根据Bloomberg Intelligence数据，预计2027年及2032年全球生成式人工智能应用规模将分别达到3990亿美元和1.3万亿美元，2021—2032年复合年增长率将高达

42%。2021—2032 年全球生成式人工智能应用规模如图 4-3 所示。

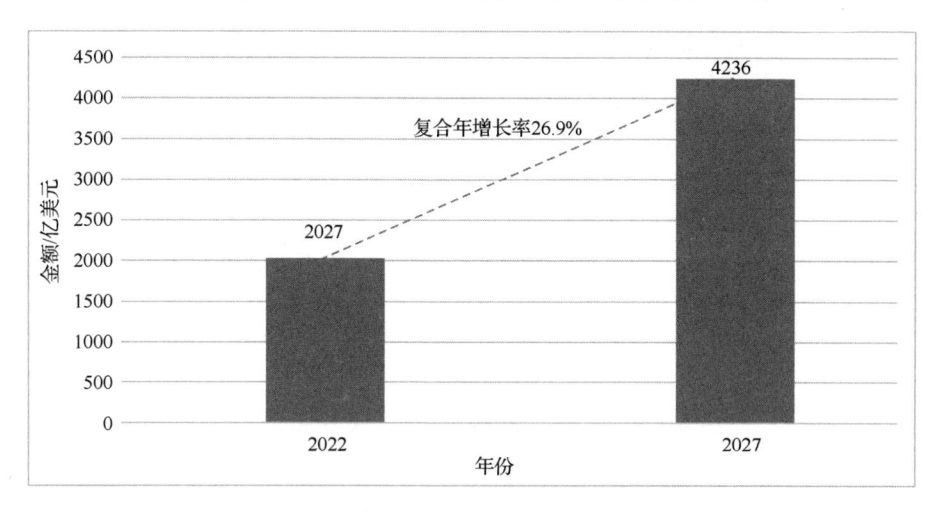

图 4-2　2022 年、2027 年全球人工智能技术投资

（数据来源：IDC，赛迪智库整理）

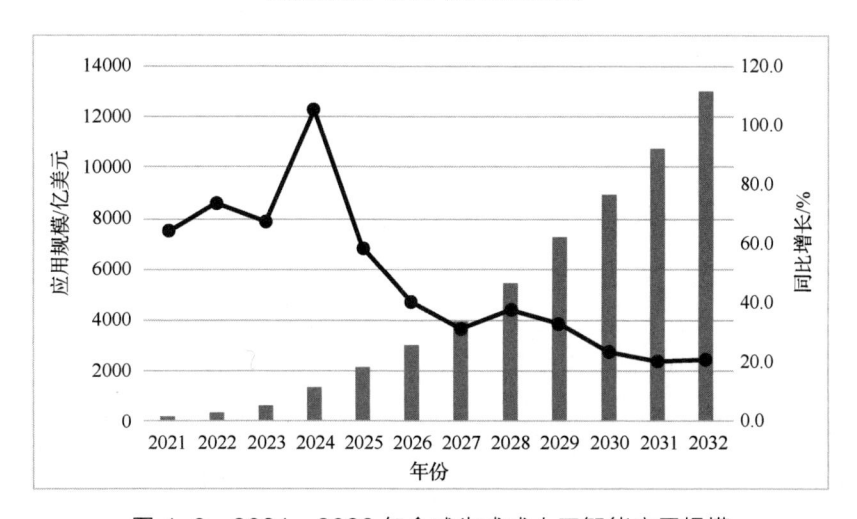

图 4-3　2021—2032 年全球生成式人工智能应用规模

（数据来源：Bloomberg Intelligence，赛迪智库整理）

CHAPTER 5 第五章
产业链供应链演变加快制造业跨越式发展

全球科学技术进步、跨国企业竞争优势塑造、国际地缘政治风险是新工业革命浪潮下全球产业链供应链演变的三个主要影响因素,为各国实现制造业跨越式发展带来不确定性。科学技术的进步被视为全球产业链供应链演变的基石,提供了不断创新和改进产品、服务和流程的机遇。跨国企业为了追求竞争优势,日益成为全球产业链供应链演变的引擎。国际形势的不断变化要求各国和各市场参与者重视安全问题,刺激了产业链供应链的重新组织,以确保它们持续稳定。这三个因素在不同时间段内表现出独有的特征和影响,共同促进了产业链供应链的演进和变革,并塑造了全球产业链供应链的结构和特点。

第一节 全球新工业革命前期产业分工网络发展历程

一、全球产业分工网络的初步建立:产业间分工

(一)产业间分工形成的动因

19世纪初期,随着蒸汽动力技术的进步,远距离运输成本急剧降低,导致全球各地的贸易量显著增长,从而开启了全球化进程的开端。国际生产分工形成是因为不同国家具有比较优势差异,也就是在生产不同产品时,不同国家的机会成本不同。当一国生产产品A而放弃生产产品B的机会成本大于与其他国家进行产品A贸易的成本时,该国专门生产产品B并通过贸易获取产品A将带来益处。运输技术的革命降低了贸易成本,这使得一个国家可以以更低的成本从其他国家或地区引进本国生产机会成本较高的产品,从而使自身能够专注于生产具有比较优势的产品[1]。国际贸易显著提高了生产效率,全球生产分工的趋势逐渐显现,这一局面标志着全球化迈向全面发展的新起点。

---

[1] Baldwin R E, Okubo T. Heterogeneous firms, agglomeration and economic geography: spatial selection and sorting[J]. Journal of Economic Geography, 2006, 6(3): 323-346.

在全球化首次迅猛发展阶段,国际分工主要表现为工业国和初级产品生产国之间的产业间分工,这是其主要特征。英国、法国、德国等工业化国家主要出口加工成品,而巴西、印度等国家主要出口初级产品。在这一时期,国际贸易的主要格局是由不同国家之间的生产率差异形成的。工业化国家(如英国、法国等)为了增加利润,不断扩张领土,以获取更便宜的原材料和更广阔的销售市场。全球市场国际分工在这个时期表现为工业化国家主要出口工业制成品,而非工业化国家则主要出口原材料和初级产品,由此形成了国际贸易的主要形式。

(二)产业间分工的整体布局

全球化初期,英国是全球贸易的中心,贸易给英国带来了巨大的经济收益,然而随着经济增长,英国国内的劳动力成本也逐渐提高。为了减少国内生产成本上涨的影响,英国在 19 世纪下半叶开启了第一次国际产业转移浪潮,主要是将产业转移到以德国为代表的欧洲大陆国家和以美国为代表的美洲国家。美国之所以成为英国主要的产业转移目的地,是因为美国拥有丰富的本土资源。美国在接收英国的产业转移时,主要采取了高关税等措施保护国内制造业,以减少英国进口产品对美国的冲击,并支持本国工业企业的发展。美国的产业结构逐渐从纺织轻工业转向重工业。从 1860—1910 年美国制造业增加值的排名变化来看,1860 年排在前五位的产业是棉纺织业、木材业、鞋业、面粉业和男士制衣业,而 1910 年排在前五位的产业则变成了汽车、钢铁、煤油、铸铁和机械[1]。随着美国工业实力的不断增强,其在全球贸易中所占份额逐渐接近英国,从而引发了全球产业链中心的逐渐转移。

随着全球生产分工模式的初步建立,一国的工业品生产不再完全依靠自给自足,国际贸易的依赖也带来了生产中断的风险。因此,产业链安全逐渐成为衡量国家利益时需要重视的因素。在以产业分工为基础的生产模式下,

---

[1] 郭吴新. 中国在世界经济格局中的地位[J]. 湖北社会科学, 1997, (4): 8-12+18.

国家发展对生产原材料的依赖加大了其脆弱性。由于对美国和德国日益增长的经济实力感到担忧，英国采取了一系列限制竞争对手的措施。英国曾有禁止向美国出口生产设备和技术工人移民的政策，同时还试图限制对德国石油和铁矿石的进口。然而，英国未能成功遏制美国的经济增长。格雷厄姆·艾利森在《注定一战》中指出，这是因为美国资源丰富且与英国相距较远，在西半球没有与英国竞争的盟友。英国意识到遏制美国的可能性较低，而来自邻近德国的威胁更加紧迫。德国工业能力的快速增长对本国有限资源的支撑不足，导致德国工业生产对其他地区的原材料进口需求较高。一个国家如果对贸易的依赖程度高，那么当贸易中断时，该国将面临更大的潜在损失。来自英国的进口封锁对德国的工业生产造成了严重威胁，外部施压的情况进一步降低了德国对未来贸易的预期。

二、全球产业分工网络的深化：产业内分工

（一）产业内分工形成动因

两次世界大战对全球贸易造成破坏，"二战"后全球化的进程逐渐开始恢复。20世纪50年代，美国开始将传统制造业（如纺织和钢铁等）转移到日本和德国。美国对日本和德国进行产业转移既是出于政治平衡的考虑，又是为了追求生产效率。美国国内的传统工业正面临着生产成本上升和产能过剩等挑战。美国工业方向的新发展是由电子计算机、航空航天和生物工程等技术应用所带来的，这被称为"第三次科技革命"。因此，美国可以将相对落后的重资本产业转移到海外，并集中资源发展附加值更高的高新技术行业，从而为美国本土带来更大的收益。

"二战"后日本和德国工业的迅速发展得益于美国的支持。随后，日本和德国也开始进行国内产业重组和外部产业转移。20世纪60年代，日本国内劳动力成本上涨及进口资源价格上涨，导致劳动密集型和资本密集型重工业的比较优势逐渐消失。20世纪80年代第二次石油危机过后，日本因为受

到能源不足的困扰，以及对出口机械设备的依赖，"贸易立国"模式实施受阻。日本开始探求策略性转变，逐渐展开了"技术为主"的国家发展战略。在"技术立国"战略下，日本通过增加研发创新投资，推动了计算机、电子、光学等技术密集型产业的发展。因此，日本电子行业在20世纪70年代中后期快速增长，并成为20世纪80年代日本吸纳就业人数最多的制造业行业。日本在产业结构转型期间，将劳动密集型产业（如纺织服装）及资源密集型产业（如重化工业）逐步转移到东亚其他地区，从而引发了"二战"后的第二波国际产业转移浪潮。

（二）产业内分工整体布局

东亚地区是第二次世界大战后经济产业转移的主要地区。东亚地区的国家在经济发展的阶段和产业比较优势方面呈现出一种天然的互补性阶梯形发展结构[1]。"亚洲四小龙"在20世纪50年代采取进口替代策略，成功地奠定了轻工业的发展基础。"亚洲四小龙"在劳动密集型产业中利用人力成本和区位优势建立竞争优势后，采取出口导向政策。在接受日本的钢铁、石化、运输设备等行业的产业转移后，"亚洲四小龙"在20世纪70年代成功建立了一部分资本密集型重工业的优势。此后，"亚洲四小龙"开始逐步将服装纺织业向东南亚国家（如印尼、菲律宾、泰国）转移，因为这些地方的劳动力成本更低廉。

"雁行模式"是学术界对东亚地区的跨国分工和产业转移模式的称呼。赤松要于1932年首次提出了"雁行模式"，小岛清在1977年出版的《对外直接投资论》中对这一理论进行了进一步的总结。小岛清认为，不同国家的产业比较优势是不断变化的。当一个国家的某些行业处于或即将处于相对优势或劣势的时候，该国应该逐步利用对外直接投资来发展这些产业。在第二次世界大战后，"雁行模式"在推动东亚国家实现工业化和经济发展方面发挥了重要的作用。

---

[1] 戴金平，刘东坡. 金融稳定与物价稳定、经济增长的动态关联性[J]. 财经科学，2015, (10): 14-25.

全球产业转移带来的浪潮引起了国际分工格局的变化。发达国家正在将劳动密集型、资源密集型等本国逐渐失去竞争优势的产品转移到其他国家，同时积极推动技术密集型产业的发展。发展中国家在接收发达国家产业转移的基础上，向发达国家输出较为简单的工业产品。国际分工开始延伸到同一行业内部。在消费者偏好商品差异化的作用下，发达工业国之间通过生产差异化的产品进行产业内贸易，并且这种贸易形式因规模经济的影响而逐渐增强。这一时期国际贸易的主要形态是发达国家之间的高档工业品贸易和发展中国家之间的低档工业品贸易，同时还有发达国家之间差异化工业品的贸易，产业内分工逐步替代产业间分工成为全球产业分工的主导模式[1]。

在第二次世界大战之后，全球生产分工逐渐加深，而在这个过程中，安全因素在塑造产业格局方面的作用减弱了。一方面，美国主导了全球经贸秩序的制定，借助关税及贸易总协定（GATT）、国际货币基金组织（IMF）和世界银行的力量，建立了一个相对稳定的经贸环境，并以美国为基础，确保了其相对可持续性。20世纪80年代，当美国面临日本竞争威胁时，美国采取了制裁、威胁等一系列政策手段，以遏制日本的发展，从而保持自身在全球经贸格局中的主导地位。在产品贸易中，与产业之间的分工相比，国家之间的产品可以通过差异化竞争实现。不同国家可以同时供应相似的产品，从而减少了一国可能在"贸易勒索"下承受的潜在损失。因此，加强国家之间的产业内贸易联系可以降低冲突发生的可能性。各国根据经济利益最大化的原则，在稳定的国际秩序和互利的贸易模式的基础上，加深了第二次世界大战后全球产业转移和分工，为全球生产布局提供了良好的环境。

---

[1] Krugman, P R. Increasing returns, monopolistic competition, and international trade. Journal of International Economics, 1979, 9(4): 469-479.

三、全球产业分工网络的形成：产品内分工

（一）产品内分工形成动因

自 20 世纪 90 年代始，信息与通信技术的进步使全球化迅速发展，实现了一次极为显著的飞跃。信息与通信技术的发展，使企业可以通过简便的方式实现远距离发布指令协调生产，进而降低了生产过程在时间和空间上分散运作的成本。企业为了充分利用全球资源，将产品制造过程中的不同工序和流程分散在不同地区，促使跨境生产快速发展。原本的国际分工已经从产业层面深入产品的工序层面，而产品内部的分工模式成为了主导全球贸易分工的主要方式。全球化的生产模式推动了国际贸易的蓬勃增长，促进了全球经济的发展。全球贸易在 20 世纪 90 年代后迎来了快速增长，2015 年全球出口总额较 1988 年全球出口总额增长了 19 倍。

全球生产网络形成的主要原因是跨国公司为了获得竞争优势，在全球范围内寻求最佳资源配置的生产策略。跨国公司根据全球各地资源禀赋的优势，在追求最大利润的推动下，将各个生产工序分配到最适合的地点组织生产。尽管全球生产布局提高了跨国企业的生产效率，但碎片化生产也造成了额外的成本。Coe 和 Yeung 基于已有的研究，从竞争动态、风险环境和企业生产策略三个方面构建了全球生产网络 2.0 理论（GPN2.0），该理论围绕跨国公司的成本和收益展开讨论[1]，通过研究，他们对全球生产网络的形成和演变进行了理论总结。当全球生产模式下的经济效益大于风险成本和生产协调成本之和时，跨国公司会倾向于将更多的生产工序进行全球化生产，以进一步细化产品内部的全球生产分工模式。自 20 世纪 90 年代以来，全球贸易壁垒和生产协调成本的下降使得全球化变得更加普遍。在这种背景下，"世界是平的"的理念得以流行，并且效率提升成为驱动跨国公司进行全球产业

---

[1] Coe N M, Yeung H W C. Global production networks: theorizing economic development in an interconnected world[M]. Oxford: Oxford University Press, 2015.

链布局的主要原因。因此，产品内分工也得以快速发展[1]。

（二）产品内分工整体布局

全球产业链分布的主要影响因素是比较优势和规模经济，这是由在现阶段全球生产国际化浪潮中效率优先的逻辑决定的。自改革开放以来，中国积极参与全球化生产趋势，借助众多高素质劳动力和卓越的工业配套设施，吸引了大量生产环节，并在国内形成了产业聚集效应。中国能够迅速成为全球制造业的重要中心，主要得益于效率因素对全球产业链分布的驱动。中国在全球增加值供给网络中的地位发生了变化。2000 年，中国只是全球生产网络中的一员；2014 年，中国成为了亚洲大多数国家主要的中间品来源国。亚洲生产网络也开始以中国为核心。目前，全球生产和贸易格局呈现出以美国、德国和中国为核心节点的"北美—欧洲—亚洲"三个地区之间相互竞争、互补的局面[2]。

尽管全球化分工体系带来了宏观经济上高增长、低通胀的"大稳健"时期，但新兴经济体和发达经济体之间的矛盾开始累积。新兴经济体通过产品内的分工模式，使原本不能独立生产完整产品的发展中国家也能够融入全球分工体系。发展中国家可以通过专注于生产工序中的某一环节实现收益，从而在产业链中获取相应的回报。发展中国家在这一分工模式中由发达国家的跨国公司安排承接了生产环节，而发达国家则通常保留设计、研发和销售等高附加值环节，依然从产品中获得主要利润。发展中国家由于缺乏利润和技术积累，因此难以进行产业链的升级；同时，技术含量较低的生产环节很容易被替代，而不同发展中国家之间的相互竞争又进一步挤压了发展中国家的利润空间。

---

[1] 约翰·弗里德曼. 城市的财富：新兴城市化地区以资产为基础的发展[J]. 现代城市研究，2006，21(10): 4-9.
[2] 鞠建东，余心玎，卢冰，等. 全球价值链网络中的"三足鼎立"格局分析[J]. 经济学报，2020，7(4): 1-20.

发达经济体需要采取更加积极的措施，继续扩大对外产业转移的规模，只将一部分高附加值的生产环节留在国内，以防止制造业在国内经济中所占比重下降，从而避免出现"产业空心化"现象。高附加值环节的知识型劳动者和跨国公司的投资者在全球化中获得了丰厚的回报，但非技术劳动者的收入却下降了。2008年的金融危机加剧了发达国家内部收入不平等的矛盾，导致民众将注意力转向了全球化的生产分工模式，并对全球化持反对态度，从而在发达国家内部引发了政治极化。在政治极化的背景下，许多发达国家的政府开始采取贸易保护政策赢得选民的支持，这些政策包括加征关税、重振制造业计划和产业回流等。

第二节 全球新工业革命浪潮下产业分工网络的新特征

一、全球产业合作形式由国家间高度依存向偏向自主发展转变

近年来，由于受全球贸易争端影响，发达国家逐步意识到实体经济的重要，日益加强推动制造业回流和减少对外依赖的趋势，纷纷制定计划促进制造业投资和生产向本国回迁，自主发展再次成为重要议题。例如，美国为了促使制造业快速回流，相继实施了一系列计划，包括"制造业回流计划""制造创新网络计划""国优先计划"。

尤其是在新冠疫情暴发后，全球经济一体化过程中的产品分工系统变得越来越脆弱。为了确保供应链的安全可控，美国、日本、欧洲等国家和地区开始自主重建供应链，降低对外依赖和产品进口风险。例如，欧盟为了增强自身供应和保障能力，推出《欧盟新工业战略》，建议在电池、可再生能源、制药、航天等领域采取关键原材料行动计划；德国《国家工业战略2030》的目标是将工业在经济中的份额增加至25%。中国、日本和韩国的资本和产能逐渐向东南亚和南亚地区转移。欧洲资本的流向也在发生变化，由最初的从西向东转变为从东向西，同时扩展到了地中海沿岸地区。美国正在建设新产业集群。墨西哥及加勒比海地区将进行生产基地的扩建工作。

综上所述，全球产业分工网络的变化可归纳为四个方面：一是产业链减少内部分工，进而缩短产业链；二是产业集群将增加，区域间合作形成了产业集群；三是中间产品贸易占比降低，制成品贸易占比增长；四是绿色低碳经济成为国家资本的关注点。

二、全球产业布局由区域化集中布局向多元弹性布局转变

当前，一些发达国家和跨国企业为避免因产业链集中布局而导致的断链风险，纷纷选择通过多元化、弹性化来优化产业链布局，而不仅仅依赖于各国自建产业链。像汽车产业链、电子制造产业链等链条较长、分工复杂、易受突发事件影响的产业链，为改变过于集中在某一区域或国家的局面，陆续转向在多个国家和地区分散布局，并制定备链计划和替代方案，推动产业链供应链限定在更小范围。

例如，日本公司积极推行"中国 + 1"策略。根据日本东京商工研究公司的调查显示，受新冠疫情影响的日本企业中，有37%的企业打算增加来自中国以外企业的采购。《欧盟新工业战略》指出，要积极开展与各原材料国家的合作，采取多样化的采购方式以确保原材料的供应，并减少对单一采购来源的过度依赖。

由于生产成本较低，并且拥有出口政策的便利，东南亚和南亚国家成为了全球供应链新的潜在选择，阿迪达斯、Coach、耐克等跨国公司纷纷在越南设立工厂。东南亚对中国的这种替代对于欧洲、美国、日本、韩国等发达经济体自建产业链所带来的影响是更加深刻和全面的。

三、全球分工结构由产品内深度分工向链条扁平发展转变

当前，智能制造技术的兴起正在深刻改变全球产业发展模式，工业机器人、自动化系统、3D打印和工业互联网的广泛应用正重塑产品设计、生产、管理和服务的产业链流程。数字化转型是21世纪人类社会的两个主要变化

之一,即数字技术正在为产业发展提供支持,并且正在极大地改变着产品的制造和生产方式,推动着产业链供应链的变革。

(一)自动化、智能化成为提升生产效率新的支撑,有效缓解了劳动力高成本和技能人才短缺对发达国家产业发展带来的约束

根据国际机器人联合会(IFR)发布的《2022年世界机器人报告》,全球制造业机器人密度平均值在2021年已增长至每万名员工141台。2022年,中国制造业机器人密度达到每万名员工322台,比2021年的每万名员工255台有所增加,位居世界第五位。2022年部分国家制造业机器人密度比较如表5-1所示。美国整合学术界、研究机构、制造业、政府和非营利组织等资源,成立了先进机器人制造研究所(ARM),以支持美国制造业的复兴并保持其领先地位。

表5-1 2022年部分国家制造业机器人密度比较

国　　家	密度(台/万名员工)
中国	322
韩国	476
新加坡	366
德国	345
美国	237
英国	177
法国	169
澳大利亚	147
加拿大	136

资料来源:赛迪智库整理。

(二)电子商务、"新零售"等的兴起,极大地改变了产业链和价值链的构成

电子商务对全球产业链和价值链的影响十分广泛,这得益于数字贸易的发展,全球产业链和价值链的组织和协调成本大幅降低,反过来进一步

推动数字贸易的深入发展。数字贸易推动了全球价值链的重构，通过数据流动，促进不同产业之间知识和技术要素的共享，推动各产业协同发展。数字贸易推动传统产业的数字化转型，并使其在全球价值链中发挥更重要的作用。此外，数字贸易还带来了颠覆性的创新，催生了许多新的贸易形式和模式，并对全球价值链进行了重塑。电子商务的蓬勃发展给传统零售业造成了巨大压力，因此，传统零售业必须加快转型升级步伐，以适应新的市场环境。

（三）随着 3D 打印等新技术的推广应用，以"短链"为特征的制造新模式逐渐形成

应用新技术后，产业链条缩短主要体现为以下两个方面。一方面，数字技术的应用让产业链条上的企业之间联系更紧密、信息共享更便捷，从而导致产业链条缩短。一家美国赛车生产公司尝试采用社会化生产模式，在社区内的微型工厂将越野赛车的个性化设计和制造任务外包给不同的社区，实现快速、小批量的设计和生产[①]。另一方面，通过引入新的技术应用，生产过程中的某些环节可以由机器自动完成，从而减少了人工干预，提高了生产效率，缩短了生产周期。新技术应用也有助于企业更好地洞悉市场需求，以便及时调整生产和销售策略，从而提高企业市场反应速度和灵活性。通过应用数字技术、智能制造技术和区块链技术等，促进产业链条各环节之间的协作和信息交流，提升生产效率和产品质量，降低生产成本和风险，推动整个产业链条向高效、智能、安全的方向发展。

四、全球产业竞争重点由获取低要素成本向寻求生态优势转变

当前，产业发展已经成为一个综合性的问题。随着新一轮科技革命和产业变革的快速推进，以及国际经贸格局的改变，发达国家依赖创新主导全球

---

① 张朝辉，郭凯，王锦潇，等. 社会化媒体环境中企业与顾客的价值共创链研究——以美国企业 Local Motors 为例[J]. 创新科技，2017, (6): 59-62.

分工。同时，美国等西方国家正在努力重振本国制造业的环境，推动制造业回流，给予制造业公共投资、中小企业发展、技术研发创新、技能人才培养、市场采购等支持，降低本国制造业发展成本。发展中国家利用低成本优势，积极参与国际分工，并持续加强其低成本发展的优势。可以说，越来越多的国家开始注重产业发展主体、配套要素和政策环境的多方面考虑和系统优化。

第三节　基于全球产业分工网络的产业链供应链演进趋势

全球经济正从"快全球化"转向"慢全球化"，这将加快全球产业链供应链结构的调整和重塑，主要体现在本地化、区域化、多样化和数字化等方面。

一、价值链演变及产业安全考量加速全球产业链供应链重构

市场经济的本质要求打破国家界限，实现自由和开放的统一全球市场及全球经济的一体化。在不断细化和深化的过程中，全球价值链分工模式通常有"蛇形模式"和"蛛网模式"两种模式。"蛇形模式"指的是垂直分工，"蛛网模式"指的是水平分工，全球生产网络体系是由这两种模式交织在一起构建而成的。同时，全球价值链的发展演变呈现出产业在地理空间上向不同国家和地区聚集的趋势。鉴于此，中国价值链分工模式为"蛇形模式"和"蛛网模式"的交集，使得中国在全球价值链分工中扮演着枢纽和核心的角色。

近年来，在贸易保护主义和新冠疫情的冲击下，部分发达国家意识到产业链条中关键环节和阶段出现的问题可能危及产业链供应链的安全，因此，确保供应链稳定就显得尤为重要。出于产业安全的考虑，原有的全球价值链布局可能会遭遇一定程度的缩减。美国、日本等发达国家都在实施重振制造

业计划和供应链改革项目，鼓励产业回流。这些政策和举措无疑会加速全球价值链的区域布局，推动产业区域化、本地化、多元化发展[①]。

二、技术变化和逆全球化推动全球产业链供应链区域化布局

随着参与全球价值链分工程度和地位的提升，中国成为仅次于美国和德国的全球价值链核心国家[②]。通过分析，我们可以看出，尽管构成生产网络的布局是全球性的，但各地区的生产网络仍扮演着非常重要的角色，区域价值链角色依然十分重要。需要强调的是，在推动全球价值链分工发展的因素中，制度因素的作用也越发重要，并逐步超过了技术因素。可以说，制度因素已成为推动全球价值链分工向区域性转变的关键因素。

总体来看，经济全球化进程的推进离不开对贸易和投资自由化制度及其规则的支持。但是，近年来发达国家单边主义和贸易保护主义开始兴起，世界贸易组织（WTO）国际经贸规则和治理体系未能及时适应变革，WTO的作用被大幅削弱。在这种情况下，各种双边自由贸易协定和区域贸易协定成为全球产业链供应链调整的重要选择。

三、产业安全地位上升推动全球产业链供应链多元化发展

尽管全球价值链可能因安全考虑而"收缩"，导致本土化迁移现象，决定价值链布局的重要因素仍然是效率，完全本土化是不可能实现的[③]。其主要原因在于，企业需要通过分工扩展和深化对外部资源的利用，以达到尽可能高的效率和最大的效益。对于国家而言，既不能只注重产业发展的安全而忽视提升效率，也不能只注重提升效率而忽视产业发展的安全。如果将安全性放在更重要的位置，而将效率性放在次要位置，那么全球价值链就会有一

[①] 盛朝讯. 新发展格局下产业政策创新转型的基本逻辑与方向[J]. 中国发展观察，2022,(4): 45-47.
[②] 潘安. 扩大内需应对全球价值链重构[N]，光明日报，2023-3-9.
[③] 戴翔，张雨. 全球价值链重构趋势下中国面临的挑战、机遇及对策[J].中国经济学人，2021, (5): 132-158.

定程度的"收缩"趋势。

目前，全球价值链存在产业回流和内卷化发展并行的态势。为保障产业链供应链安全，解决关键零部件的缺失和关键技术的"卡脖子"问题显得越发重要。为防止产业链供应链中断，保障产业链供应链的各个环节具有可替代性成为推动产业本土化和区域化发展选择之一。

四、数字化、网络化、智能化催生全球产业链供应链数字化变革

当前，各国为应对新技术和新产业的发展纷纷制定数字经济发展战略，力图占据全球产业竞争的主导地位。数字经济时代，数字化是产业革命和技术革命变革的一个重要发展趋势。数字化、网络化和智能化等新技术、新业态、新模式会带来不同国家资源禀赋优势的变化，进而对全球产业分工格局带来影响。

《制造业数字化转型取得成功的六大因素》一文指出，制造业已经在许多数字化领域取得成功，这得益于数字技术的不断进步和发展。数字化转型可能对全球产业链供应链产生两个方面的影响：一方面，深化全球产业链供应链专业化分工，涌现出新模式、新形态和新产业；另一方面，数字化、智能化的制造设备和工艺将促进某些行业开展本地化生产，降低了部分领域和行业的专业化分工，导致传统的产业链供应链被取代或淘汰。

五、制造服务边界模糊推动全球产业链供应链向服务化方向发展

随着科技的进步，全球价值链进一步向服务业领域扩展和延伸。各国制造业发展除了关注技术创新，也开始向服务业转型和渗透。制造业和服务业的融合创新，带来了服务型制造的差异化发展，创造了新的增长点和利润。主要表现为制造业向服务业转移，以及大力发展技术密集型和信息密集型服务业，以满足人们在新工业革命时期对服务业的需求。

随着服务贸易的不断发展,服务业已经成为价值创造和物质产品生产的重要组成部分。麦肯锡全球研究院在报告中指出,过去十年中,服务贸易的增长速度比货物贸易的增长速度快了60%以上。这在一定程度上验证了全球产业链供应链服务化的发展趋势。产业链供应链本土化、区域化的发展,也在服务化发展的影响下不断变化。

CHAPTER 6 第六章
企业竞争范式转变推进制造业跨越式发展

全球新工业革命开辟了新的竞争赛道，从产业链协同发展、新品牌与流量等多个方面推动企业竞争范式发生新变化，助推制造业跨越式发展。当前，全球新工业革命正在加速演进，新一轮科技革命和产业变革带动数字经济蓬勃发展，催生了大量新产业、新业态、新模式，并对全球资源配置、产业结构、竞争格局产生了深刻影响。因此，为了提升国际竞争力，中国企业特别是制造业企业需要重新思考和定位其竞争范式，以期能够在今后的发展中逐步转向高层次竞争，实现与国际竞争规则的同步。

第一节　大企业带动中小企业实现全产业链协同发展

随着全球新工业革命的持续演进，区块链、大模型等新一代数字技术开始向整个社会体系渗透，企业间的竞争已不是传统的独立个体竞争模式，而是各企业利用竞争优势与生态优势相互促进，形成互赖、互依、共生的良性循环和生态系统，进而更快地实现共同发展的战略目标。目前，生态竞争主要以大企业带动中小企业实现全产业链协同发展为主，且主要通过引领模式、分享模式、赋能模式实现。

一、引领模式：通过建立标准倒逼全链条升级

标准化是企业创新发展的必由之路。随着全球产业变革加速推进，标准已不仅仅是技术创新与产品研发的基础，更直接渗透到现代科技发展前沿与社会经济管理层面，其与新技术同步发展或引领技术发展的趋势日益显现[1]。在全球新工业革命深入发展的背景下，技术标准制定权的争夺上升为企业竞争战略乃至国家战略。随着以物联网、大数据、云计算和人工智能为代表的新兴技术逐渐融入制造产业，传统工业自动化控制协议和标准也将更新甚至被重新定义，进而将改变市场竞争规则、重塑市场竞争格局，这是推

---

[1] 袁勇. 中国标准化建设水平显著提升[N]. 经济日报，2020-12-9.

动企业由大变强实现赶超的真正机遇，也为企业争夺标准制定话语权提供了新的思路[1]。

大企业在制定行业标准方面往往起着行业领头羊作用。引领模式的主要特征是大企业通过技术优势建立产品标准，基于平台对供应商进行统一调度和指挥，将标准化工作融入优势产业的科技创新体系，充分发挥标准在科技成果转化中的桥梁和纽带作用，使创新成果通过标准快速转化为现实生产力，依靠科技创新提升标准的质量、水平和竞争力，进而使中小企业在参与产业链运转过程中实现快速成长。

大企业建立引领标准主要有以下三种形式。第一，大企业通过协同和互联的资源组合行动，强化与领先企业的技术合作研发，促进关键技术的产学研协同研发，以及搭建产业生态平台，将"人机物"与产业链上下游连接起来，形成更加丰富的技术组合，提升自身在标准竞争中的参与度。通过解析和重构的资源组合行动寻求行业和技术领域的跨界合作，通过跨界合作连接不同知识结构的企业并进行跨界创新，将多行业知识聚合起来产生新的知识，以及内部进行要素和生产环节重构，以此加快推进新一代信息技术与传统技术的融合发展，推动建立新一代信息技术兼容性标准。第二，大企业可以持续强化知识管理在智能制造标准竞争中的作用。与传统技术标准竞争相比，在新工业革命时代，技术标准的竞争将更加强调对知识的控制和管理能力。此外，知识存量和组织关系的重组能够为企业提升自身创新能力奠定基础，并将知识转化为以专利为主要形式的新技术，进而通过"技术专利化—专利标准化—标准商业化"的协同循环推动自身标准成为行业标准[1]。第三，大企业可以建立标准联系，以避免不当竞争。在环境迅速变化和高度不确定性的技术标准竞争中，标准竞争的结果通常会产生"赢者通吃"效应，因此，参与技术标准制定的企业往往在多个竞争性标准之间摇摆不

---

[1] 成琼文，郭波武，张延平，等. 后发企业智能制造技术标准竞争的动态过程机制——基于三一重工的纵向案例研究[J]. 管理世界，2023, 39(4): 119-140.

定[1]。为了避免这种情况发生，参与技术标准制定的企业与合作者之间建立强联系显得尤为重要，企业通过智能化平台，加强与各方参与者的联系。

专栏 6-1　华为：定规范、立标准，推进折叠屏产业发展

华为是最早进入折叠屏手机赛道的国内品牌，五年间一直引领创新。一方面，协同生态伙伴，通过技术开放、标准制定等，推动生态发展；另一方面，围绕用户体验进行技术创新，给行业树立标杆。

积极开发新技术，提升用户体验

五年前，折叠屏作为一个新品类，亟须丰富的软件生态以提升用户体验。如果生态不完整、不成熟，将和直板机的体验并无二致。所以，如何做好折叠屏的生态适配是折叠屏体验的关键。经过几年的摸索，以华为Mate X3 为代表的折叠屏手机应用体验已经有了明显改善，不断有新的"玩法"出来。特别是热门应用对折叠屏的适配更为积极。70 余个热门应用改善了大图、大字体在折叠屏展开时容易出现显示内容缺少的问题，30 余个热门应用解决了 2 列宫格过大的问题，40 余个热门应用改善了 Banner 图、弹出框过大的问题。

联合绿盟组织发布《折叠屏/平板应用体验评估标准》

为帮助合作伙伴加速创新和进一步提升用户体验，华为在 2023 年华为开发者大会（HDC.Together）期间，联合 11 家绿盟组织成员发布《折叠屏/平板应用体验评估标准》，从基础功能完善、布局合理美观、交互易用高效、折叠适配四个方面，帮助开发者和设计师更好地对折叠机进行应用体验评估，验证应用的适配是否达到最佳，并持续改善开发效果。

---

[1] 李冬梅，刘昀哲，李金梦，等. 网络嵌入性视角下技术标准制定话语权争夺：一个并行中介模型[J]. 科技进步与对策，2021, 38(13): 20-28.

> **专栏 6-2　三一集团：积极推进行业国内外标准建设**
>
> 三一集团有限公司（以下简称"三一集团"）作为湖南知名的民营企业，一直走在科技创新和标准创新的行业前列。
>
> **搭建集团标准化经验交流平台**
>
> 为促进标准化应用，三一集团组建"通用化技术委员会"，以方便经验交流，激励员工分享优秀案例，在三一集团内营造通过标准化"提质降本"的氛围，标准化工作按照"业务信息化、布局立体化、人才梯队化"展开。
>
> **分门别类建立多项技术标准体系，完成多项标准建设**
>
> 截至 2023 年 10 月，三一集团累计主持、参与外部标准 178 项。近 3 年来，三一集团共有 3 个省级标准化试点示范项目通过验收，12 项标准获得长沙市标准创新贡献奖励和经开区知识产权专项奖励；已完成泵车和压裂车 2 项"领跑者"标准的编制和发布；并按产品类别建立了企业技术标准体系，定期组织体系自查，年均制（修）定企业技术标准 500 余项，现存有效企业标准 3800 余项，为三一集团各项业务运营提供标准支撑。

二、分享模式：利用资源共享增强产业竞争力

当前，世界科技创新进入密集活跃期，新一轮科技革命和产业变革正在重构全球创新版图、重塑全球经济结构。在信息技术的支撑下，科技创新呈现许多新变化，创新方式由原来的注重单项突破的线性模式转变为多学科、交叉融合的非线性发展模式，企业创新也从单打独斗走向众创、共创、广域协同，大中小企业不再是独立割裂的个体，而是以创新、创业为纽带紧密地联结在一起。推动大中小企业融通创新成为提高企业创新能力、支撑创新型国家建设的重要抓手[1]。相比而言，大企业往往拥有丰富的资源和先进的技术，因此，为全面提升中国产业的整体竞争力，可以充分发挥大企业的资源

---

[1] 张贵林，常义，周俊. 深入推动大中小企业融通创新[J]. 中国中小企业，2022, (s1):66-67.

优势，带领中小企业共同发展。

分享模式的主要特征是利用资源共享增强产业竞争力。分享模式主要包括以下四个方面的共享。一是技术共享。技术共享是企业合作中最常见的资源共享方式之一，即大企业可以向中小企业共享专利、技术和知识产权。通过技术共享，中小企业可以学习和借鉴对方的技术，提高自身的研发能力和创新能力。与此同时，技术共享也可以显著减少中小企业重复研发的成本，提高研发效率。二是人力资源共享。人力资源共享是另一种常见的资源共享方式，即大中小企业可以共享各自的人力资源和智力资源。通过人力资源共享，中小企业可以解决人力短缺的问题，提高工作效率。同时，大中小企业之间的人力资源共享还可以促进彼此之间的人才交流与合作，增强产业链整体的凝聚力和战斗力。三是物流与供应链共享，即大中小企业可以共享各自的物流网络和供应链资源。通过大中小企业之间的物流与供应链共享，各个类型的企业都可以降低物流成本，提高物流效率。此外，大中小企业之间的物流与供应链共享还可以提高产业链供应链的可靠性和稳定性，显著降低"断链"风险。四是信息与数据共享，即大中小企业可以共享各自的信息和数据资源。中小企业通过与大企业进行信息与数据共享，可以获得更加全面和准确的市场信息，从而做出更加理性的市场决策。同时，大中小企业之间的信息与数据共享还可以显著提高中小企业的数据分析能力，优化业务流程，提高运营效率。

在数字经济蓬勃发展，以及新兴市场和新兴技术不断涌现的大背景下，龙头企业搭配中小企业在多维度、多领域构建"科创共同体"，成为提升产业竞争力的必然发展趋势[1]。大企业与中小企业开展协同价值创造，已成为大企业转型升级、中小企业竞争共存的重要途径。发挥大企业引领作用，推动大企业建设小型微型企业创业创新基地、高质量现代产业链园区，帮助配套中小企业改进和提升工艺流程、质量管理、产品可靠性等水平，以股权投

---

[1] 马宁宁，陈培均. 全球四大湾区竞逐科创，粤港澳构建创新共同体，先强带后强[N]. 南方都市报，2021-12-8.

资、资源共享、渠道共用等方式带动中小企业深度融入产业链，以增强产业链供应链整体韧性、竞争力及现代化水平。

专栏 6-3　海尔集团：搭建开放型大企业创新创业平台

海尔集团通过搭建开放型大企业创新创业平台，围绕科技创新，着力提升企业创业的成功率，推进中小企业高质量发展，逐步形成大中小企业融通发展生态。

开发"有根创业"模式

"有根创业"模式主要适用于拥有丰富产业资源及应用场景的大企业建立创业赋能平台，具体可以从以下三个方面落地。一是"产业根"，即开放大企业的供应链资源、技术应用场景，帮助中小企业降本增收。二是"科技根"，即通过建立开放式的创新平台，建立技术人才资源网络，提供技术创新相关服务，帮助中小企业增强竞争力。三是"资金根"，即搭建路演平台，汇集风投及金融服务机构，建立多元化创投生态，为中小企业提供融资服务，做强做大。

创新"大企业共建、小企业共享"模式

海尔的卡奥斯平台对"大企业共建、小企业共享"进行了创新，在企业端，为小企业提供低成本、快部署、易运维和强安全的轻量化应用；在园区端，推动数字化基础设施共享，降低入园企业数字化转型成本；在行业端，与"链主"企业共建，实现大中小企业融通发展，促进产业链供应链健康稳定；在城市端，创新"工赋模式"，助力区域数字经济发展，带动工业产值增加。

专栏 6-4　ZARA：产品数据贯穿全供应链

ZARA 是全球排名前三位的服装生产商，其生产效率、周转率和产品品种都大大领先于同行。ZARA之所以能有如此突出的成绩，主要归功于该公司出色的供应链管理能力。

统一布局，加速供应链良性运转

在设计环节，ZARA采取"买手"与设计师相协调的新产品设计模式，由一大批受过专业培训的"买手"在全球各地搜集信息。在采购环节，ZARA利用"买手"汇总到总部的信息，分析流行服饰的材料需求和未来走向，提前安排下一阶段生产用材的采购，主动推进供应链流程。ZARA实行分散采购，避免单个供应商带来的供应链"断链"风险。

搭建辐射性生态系统，实现无缝生产

在生产环节，ZARA将大部分需要快速投向市场的服装安排在总部所在地周围进行生产，建立了一个由中心基地向外辐射的生产系统，在这个很小的辐射范围内集成了设计、染色、剪裁、缝制等功能，实现无缝生产。在物流环节，ZARA各个门店的服装皆由总部统一配送，保证产品第一时间在全球同步触达市场。

三、赋能模式：寻求能力耦合、构建合作共同体

中小企业在活跃市场、增加就业、促进中国经济发展等方面发挥着巨大作用。但是，很多中小企业在谋求发展的过程中，存在许多亟待解决的问题，如技术缺乏、资金短缺、管理不善等问题。因此，在新工业革命快速发展的浪潮之下，大企业可以通过赋能模式促进中小企业的发展。赋能模式最典型的特征就是寻求能力耦合、构建合作共同体。

当前，数字技术作为世界科技革命和产业变革的先导力量，日益融入经济社会发展各领域、全过程，深刻改变着生产方式、生活方式和社会治理方式[1]。现阶段，已经有很多大企业通过数字化转型提升了增长动力。中小企

---

[1] 李芃达，崔国强. 技术创新持续释放数字红利[N]. 经济日报，2022-11-14.

业作为数量庞大、极具活力的创新群体，其数字化转型仍有很多难题需要解决。例如，数字化转型需要对互联网产品、运营、技术开发，以及企业业务管理和生产管理具有深入理解的复合型人才，这种复合型人才在市场上相对稀缺，企业通过内部培训也难以快速培养。大企业可以通过赋能模式助力中小企业数字化转型。（大企业可以通过创建数字化解决方案，围绕"研产供销服"等环节提升链中企业的发展水平，培育更多的专精特新中小企业，促进产业链协同发展。大企业可以通过充分发挥产业链协同创新的带动作用，将自身在数字化转型过程中积累的技术、方案和标准对外赋能，形成信息互通、资源共享、能力协同的产业链数字化发展模式，带动和帮助产业链上的中小企业转型发展[1]。）

专栏 6-5　百度：开创百度飞桨人工智能产业赋能中心

百度飞桨人工智能产业赋能中心由百度飞桨和生态合作伙伴共同建设，该中心基于飞桨深度学习平台＋文心大模型，整合百度人工智能技术服务、解决方案及生态资源，全面支持区域"产学研用"低门槛、高效率应用人工智能技术和资源，携手推动复合型人工智能人才培养及重点产业智能化升级，助力该中心辐射区域开创高质量跨越式发展的新局面。

发挥人工智能创新优势，赋能重点产业

百度飞桨人工智能产业赋能中心发挥和调动了百度在人工智能领域的核心技术优势和多年积累的丰富生态资源，以促进人工智能技术和上海地区实体经济深度融合，推进新一代人工智能产业创新应用。飞桨人工智能产业赋能中心聚焦人工智能先进技术在重点产业的需求和应用，整合百度人工智能技术服务、解决方案及生态资源，通过"政产学研"协同创新，实现产业智能化升级。在该中心，"政产学研金服用"各方资源共享共创，共同探讨并推动人工智能产业模式创新，以营造繁荣的人工智能生态圈。

---

[1] 李昀，牟华伟，宋颖昌."三重压力"下中小企业数字化转型如何破局[J]. 新型工业化，2023，13(3)：67-71.

构建全方位生态系统，赋能多家企业

百度飞桨人工智能产业赋能中心构建了全方位的生态体系，协同开发者、科研院所、企事业单位、技术伙伴、硬件厂商等共创、共生、共赢。截至 2023 年 12 月月底，该中心已凝聚 1070 万名开发者，服务了 23.5 万家企事业单位，创建了 86 万个模型[①]。

专栏 6-6　西门子：推出开放式物联网操作系统

MindSphere 是西门子公司推出的基于云的开放式物联网操作系统。该系统利用生产资产方面的数据为客户带来收益，已成为西门子公司有别于其他公司的一项关键优势。

自动采集生产数据，对数据进行增值分析

MindSphere 是一个可扩展基础设施，能对所采集的数据进行价值增值分析。西门子公司是传动设备领域和自动化的市场领导者，装机数量巨大，因此，其在连接生产资产、智能采集数据方面具有显著优势。

创新开发环境，赋能工业应用

MindSphere 提供了广泛的设备与企业系统连接协议选项、工业应用、高级分析，以及一个创新的开发环境，该开发环境利用了西门子公司的平台即服务（PaaS）功能及阿里巴巴云服务功能。通过这些功能，MindSphere 可提供系统化的工业应用和数字化服务。

借助 MindSphere 的 PaaS 功能，开放式合作伙伴生态系统能够不断开发并提供工业应用。用户可获益于西门子公司合作伙伴的经验和洞察力，无须自己进行开发以推进物联网战略的实施。

---

① 杨沙沙. 百度首席技术官：文心一言用户规模破 1 亿[N]. 环球时报，2023-12-29.

第二节　建立新品牌以增加市场流量导入成为竞争新趋势

在新一轮科技革命的浪潮下，蓬勃发展的数字经济使流量成为企业市场竞争的核心和焦点，企业品牌的建立也无法避开追求流量之路。品牌符合马太效应，只有当品牌深入人心时，才能获得源源不断的免费流量。但与此同时，随着互联网终端使用数量增长速度的下降，流量成本的快速提高也逐步成为企业发展的主要影响因素。在此背景下，无论是大品牌还是中小品牌，"品牌建设+流量运营"双管齐下的方式成为企业提升核心竞争力的重要手段。在物联网、5G等一系列新兴数字技术的赋能下，制造业企业正全面迈入数字化的流量新时代，"流量+品牌"的双轮驱动模式将帮助企业撬动更大的价值空间并显著提升企业的核心竞争力。

一、深度代工模式：以代工为手段全面赋能品牌建设

现阶段，品牌的成长逻辑已经变成了"消费数字化+制造能力"，从而打破了以往代工企业单纯执行加工任务的局面，使代工企业和委托企业形成利益共同体，从而逐步形成了深度代工模式。随着以人工智能为代表的新兴技术逐渐应用到制造业，深度代工模式呈现出以下四个鲜明的时代特征。第一，制造与服务一体化。数字经济时代，代工企业不再仅仅提供制造服务，而是将设计、研发、品牌、营销等多个环节纳入自身业务体系，实现了制造与服务的一体化。第二，定制化生产。在新工业革命时代，消费者获取信息的能力显著增强，由此产生了一种新的经济现象，即在供求关系中，需求逐渐替代供给并占据主导地位，消费者对产品的个性化、差异化需求越来越高，代工企业也必须开始提供定制化生产服务，并根据客户的需求进行定制化设计和生产[①]。第三，供应链更加灵活。在新工业革命时代，市场需求变化迅

---

① 荆文君，刘倩，孙宝文. 数字技术赋能经济高质量发展：一种改进的"技术—经济"分析范式[J]. 电子政务，2023, (10): 2-13.

速，代工企业只有具备高度灵活和敏捷的供应链管理能力，才能快速响应市场的变化。第四，数据驱动决策。即使是代工企业，也需利用大数据、人工智能等技术手段，对市场、消费者、产品等数据进行深度分析和挖掘，从而做出更加精准的决策。

深度代工模式是高度整合、高度灵活、高度专业化的新型生产模式，具有鲜明的时代特征。从深度代工走向自主品牌建设的升级跳跃，关键是要以创新和差异化为核心，而在数字经济蓬勃发展的背景下，大数据和人工智能等技术手段为代工企业提供了强大的数据分析和挖掘能力，帮助企业更好地了解市场需求、消费者行为和竞争态势，为自主品牌的定位和战略制定提供依据，同时，定制化生产为代工企业提供了新的业务模式和增长机会，也为自主品牌的建立提供了良好的市场基础。

专栏 6-7　比亚迪：深度代工与品牌建设齐头并进

1995 年 2 月，比亚迪成立，经过近 30 年的高速发展，已在全球设立 30 多个工业园，业务布局广泛，总市值超过千亿元。2023 年，《财富》世界 500 强榜单全球发布，比亚迪位列第 212 位，排名较 2022 年上升 224 名，成为当年排名升幅最大的中国企业。

"隐形"代工大厂

比亚迪的代工业务仅次于富士康。2019 年，比亚迪成为华为手机的主要代工生产商，承担起华为第二制造中心的代工重任。从两家企业签约到比亚迪生产出第一部华为手机，只用了 70 天的时间。2020 年，苹果 2020 款 iPad 由比亚迪代工。在苹果公布的 200 家核心供应商名单中，比亚迪的名字赫然在列。2021 年，荣耀品牌从华为业务中拆分，同样也与比亚迪等生产厂商建立了合作关系。

新能源汽车行业领军品牌

手机代工的利润率不高是所有代工厂都无法忽略的问题，依靠电池起家的比亚迪还要靠汽车撑起市值。2003年，比亚迪收购了西安秦川汽车，将其更名为比亚迪汽车，正式进入汽车行业。2005年，比亚迪首款F3燃油汽车上市，不佳的销量使得投资者对比亚迪造车的决策产生怀疑。随着智能汽车、新能源汽车成为行业的风口，电池成为新能源汽车最重要的技术之一。以此为依托，2022年，比亚迪成为全球首个正式停产燃油汽车的车企。2023年上半年，中国首次超越日本成为全球第一大汽车出口国，以比亚迪为代表的新能源汽车出口量增长1.6倍；同年9月，比亚迪新能源汽车销量为28.7万辆，出口量暴涨262.4%，创历史新高。

专栏6-8 三只小山羊：从代工工厂跃迁成立自主品牌

三只小山羊创立于上海，专注于高端羊绒大衣的研发、设计、制作。从众多国际大牌的代工工厂到如今依托抖音与分众引爆主流市场，三只小山羊成为当之无愧的黑马品牌，也树立了"流量为王"时代国货羊绒大衣品牌的全新典范。

众多国际奢侈品牌的幕后英雄

三只小山羊原本是众多奢侈品牌（如MaxMara、ICICLE、PORTS等）背后的代工厂，为众多奢侈品牌提供从原始设计到成衣制作的强有力供应链服务，其生产的产品销往法国、意大利、英国、俄罗斯等地。

抖音孕育、分众引爆，线上线下联动破圈

2021年7月，三只小山羊品牌创始人杨玉勇入驻抖音，通过短视频和直播连接目标人群，利用精准内容吸引了第一批种子用户，又通过与核心用户群的交流和沟通精准获取市场反馈后，有针对性地投放流量广告、挖掘新用户，在线上获得了超高的人气和流量，完成了品牌的初始积累。2022年1月，三只小山羊品牌正式成立。2022年下半年，三只小山羊又将"裸穿不扎人"的品牌口号打入全国分众电梯媒体中，积极抢占消费者心智产权。这一关键性举措帮助三只小山羊突破线上圈层，成功打入城市主流人群和消费风向标群体中，完成了从线上小众品牌到主流大众品牌的关键跃迁。2022年，在"双11抖音电商好物节"中，三只小山羊一举创下2318万的销售成绩，成为了震动行业的黑马品牌。

二、高端模块化模式：以解耦软化全方位提升品牌价值

品牌发展到一定阶段后，转向高端几乎成了企业的必然选择。随着数字智能技术的广泛应用，企业把积累的自身优势和崭新的数字化技术紧密结合，在原有产品受众的基础上打造具有更高附加值和更好口碑的高端品牌，从而获得更高的市场地位和利润，成为新工业革命时代企业提升核心竞争力的重要战略。换言之，将高端品牌从传统的品牌中剥离是企业的常规性建设，而新工业革命浪潮的兴起为企业的高端品牌建设提供了重要发展机遇。一方面，企业自身的数字化转型和创新发展是解耦高端品牌的强大动力。企业的数字化转型不只是技术的更迭，而是企业战略、组织、运营等全方位的变革。企业拆分高端品牌线更是贯穿设计、制造、监管、体验、应用的全过程，是企业综合素质的集中体现[1]。此外，在数据要素的驱动下，消费者在网上的浏览、点击、评论等碎片化行为能够被企业很好收集整理，企业在此基础上对消费者行为进行数据分析，为消费者进行画像，对消费者下一步的行为作出预测，并针对这些分析和预测，为消费者推荐感兴趣的内容以实现数据分析和消费者需求最大程度的适配，也为高端品牌的成长提供了新路径。另一方面，电子商务的快速发展为企业解耦高端品牌提供了更丰富的传播形式。直播和短视频是目前发展迅速且行之有效的方式。根据《中国互联网络发展状况统计报告》，截至2023年6月，中国网络直播用户规模达7.65亿人，短视频用户规模更是突破10亿人，巨大的用户基数显然可以为高端品牌所利用。此外，与普通品牌利用直播短视频等营销手段不同的是，企业的高端品牌可利用其更有高级感的线下店铺场景，更加丰富直观地展示普通

---

[1] 邵春堡. 在数字化转型中重塑品牌[J]. 企业文明, 2021, (11): 35-37.

品牌不具有的品质感和高级感[1]。

> **专栏 6-9　卡萨帝：持续领跑高端赛道的智能家电**
>
> 卡萨帝是海尔 2006 年成立的高端家电品牌，旗下拥有 8 大品类、39 个系列、380 余个型号的产品。2023 年，卡萨帝的品牌价值达到 711.7 亿元，成为国际高端家电品牌引领者。
>
> **海尔旗下高端品牌**
>
> 海尔旗下有卡萨帝、海尔、统帅等多个品牌，每个品牌定位不同。高端品牌卡萨帝更注重产品的精致，其诞生之初就定位于高端市场，追求卓越品质和卓尔不凡的设计。卡萨帝品牌的战略定位体现了海尔向高溢价品牌模式的转变。
>
> **以品牌价值网络加快品牌建设**
>
> 品牌价值的建立离不开系统的传播。为此，卡萨帝打造了一个融合品牌元素体系、社会公关活动、互联网新媒体、社群交互裂变、产品营销体验、全新品牌文化于一体的品牌价值网络。卡萨帝的品牌推广具有三大鲜明特征，一是注重品牌价值高度，保持品牌高贵大气的格局；二是紧密植入艺术品位，以艺术诠释生活的真正含义，用艺术文化营销实现品牌价值和产品价值的完美结合，创造卡萨帝艺术生活；三是选择主流高端媒体、高端峰会和国际化展览作为品牌推广平台[2]。
>
> **建立品牌与消费者双向互动营销体系**
>
> 卡萨帝非常关注高端消费者的体验与口碑营销。例如，2023 年 10 月上旬收官的卡萨帝"精智生活实验室"活动，就是卡萨帝与用户共创生活的一次落地探索。此次活动有超过 102 万用户进入活动页面，上线首日就有 5 万余人浏览，还获得了《新周刊》等媒体的参与传播。通过小程序、

---

[1] 张浩. 品牌建设的互联网之路[J]. 中国服饰，2021，(11):30-31.
[2] 赵建华，郑子辉. 海尔高端家电品牌建设——以卡萨帝为例[J]. 企业管理，2023，(7): 42-45.

> 会员群、会员短信等渠道，活动相关信息精准触达会员用户，仅会员短信推送就达到了 31.8 万人。

三、品牌进阶模式：以流量构建全球知名的价值品牌

在全球数字经济对产业进行重构的过程中，随着中国企业创新力和竞争力的快速提升，越来越多的中国企业正通过"走出去"寻求增量市场，拓展全球业务版图。"走出去"始终是中国企业"做大蛋糕"的关键词。历经四十余年改革开放发展，中国企业在组织、产品、技术、资本、商业模式、市场营销等方面已趋于成熟。现阶段，中国企业在"走出去"过程中面临的新挑战已经从过去的如何开疆辟土变成了在品牌发展的新阶段如何成为全球知名的品牌[1]。在海外市场从产品到品牌升级的过程中，尽管部分优秀的中国企业在一些细分领域占据了全球市场头部位置，但是要从早期的物美价廉的产品到以稳定的性能甚至以良好的用户口碑实现品牌固化，仍需漫长的积累过程。目前，全球数字经济正在对全球产业进行重构，面对亟待破解的"两头在外、大进大出"发展模式瓶颈和长期以来中国制造业全球价值链中低端的锁定困境，品牌建设已不仅是中国企业向海外发展的战略重点，而且是中国企业提升国际竞争力的应有之义。

当前，新工业革命正在全球范围内蓬勃兴起，全球市场也进入快速洗牌的"换代升级"阶段，同时，互联网快速打破了国际化市场与信息的藩篱，减少了贸易壁垒和中间环节，弱化了制度约束，使国际交流更加畅通，为品牌企业开疆拓土带来更加巨大的发展空间。一大批"先知先觉"的本土品牌企业率先突破国界局限，大举进军海外市场。这些企业借助在互联网、电子商务等方面的技术领先优势，加速向海外扩展，极大地提升了中国在全球经济格局中的地位。此外，丰富的媒体传播形式和不断创新的广告技术正在不断吸引受众的注意力。以欧美国家为例，消费者与品牌互动的第三方渠道已

---

[1] 李金磊. 迈向高质量发展 中国品牌加速"走出去"[J]. 经营管理者，2023, (6): 11-12.

经不少于 20 个[①]。在品牌价值持续升级的时代，如何实现从中国品牌向全球品牌的进阶升级，成为中国"出海"企业关注的核心议题之一。

专栏 6-10　创想三维：让硬核科技走出国门

深圳市创想三维科技股份有限公司（以下简称"创想三维"）是全球消费级 3D 打印机的领导品牌，是专精特新"小巨人"企业，也是国家高新技术企业。目前，创想三维已拥有 CREALITY 和 Ender 两大国际品牌，同时旗下拥有 HALOT、Sermoon 等创新品牌，产品远销 100 多个国家和地区，稳居全球 3D 打印机销售榜前列。

3D 打印产业"布道者"

创想三维一直秉持着 3D 打印产业"布道者"的精神，投入消费级 3D 打印机这一极具潜力的新兴赛道。创想三维产品全面覆盖 3D 打印机、3D 扫描仪、激光雕刻机、配件、耗材等，构建了完善的 3D 打印生态圈和创想云一体化 3D 打印平台。

直面海外创客，布局跨境电商

随着技术创新，3D 打印技术的应用场景"不断破圈"，以品牌打造提升溢价正变得越来越重要。2022 年，为了开拓更大的海外市场，创想三维选择布局亚马逊的跨境电商，以硬核技术实现在海外的快速突围。2023 年，创想三维在亚马逊上设立了品牌旗舰店，并立下了"3 个亿"的首年销售目标。借势 2023 年旗舰产品 K1 Max 高速 3D 打印机的发布，创想三维通过一系列视频、图片等创意素材的应用，实现了品牌旗舰店的优化。在创意素材的拍摄上，创想三维不仅搭建了场景化影棚，邀请美国当地的团队参与制作，而且通过 A/B Test 的工具进行了不同素材的测试，实现更加有效的引流和转化。

除此以外，创想三维还进一步优化了广告运营的精细化水平。例如，

[①] 李毓桔. 数字经济：助力企业走出去　创造外循环蓝海[J]. 审计观察, 2023, (1): 86-91.

通过用户社区"创想云平台"、竞品调研分析、亚马逊广告关键词报告等方式实现精准地洞察，发掘自身更有力的产品优势，并借助亚马逊广告的产品"组合拳"实现广泛触达。仅 2023 年 3 月，创想三维在亚马逊出货 3D 打印机近 6000 台，营业额已超百万美元，同时推动了新品在美国、欧洲及墨西哥等地销量的快速增长。

专栏 6-11　小牛电动：改变出行方式，让全球生活更美好

小牛电动成立于 2014 年，是全球智能城市出行解决方案提供商，目前已推出小牛电动、NQi、MQi 等多个系列电动自行车、电动摩托车，以及专业户外运动自行车、电动助力车、电动滑板车等。小牛电动自创办以来，保持了高速的增长，截至 2022 年第四季度，小牛电动全球累计销售超 350 万台。

全球智能锂电两轮电动车

作为全球智能锂电两轮电动车企业，小牛电动开创了智能两轮电动车这个新品类。小牛电动自主研发的动力锂电系统科技，使电池续航更远、寿命更长、重量更轻、安全性更高、动力更强；同时，小牛电动自有的 NIU INSPIRE 智能技术和大数据算法，通过遍及车身的传感器，多维度采集和分析用户数据，挖掘用户骑行需求，不断优化产品线的分布，提升产品体验及服务[1]。

以本地化创新，成就全球化品牌

2016 年，小牛电动正式进军欧洲市场，并将德国作为海外扩张的第一站。以"产品本地化"作为品牌"出海"的核心竞争力，小牛电动对旗下首款电摩产品进行了 70 多项本地化改进。在海外，小牛电动提出了具有本土化特色的"Make Life Electric（让生活带点电）"的品牌口号。此外，

---

[1] 经理人编辑部. 两轮电动狂飙——中国电动自行车产业[J]. 经理人，2021, (1): 22-31.

小牛电动也为不同国家和地区采取了更具针对性的本地化营销活动。在《水手计划》第三季中，小牛电动为了在亚马逊美国站实现快速破局，决定在亚马逊 Prime 会员日之前开展一场"周年庆"促销活动。为了能达成极具挑战性的大促目标，小牛电动一方面以更符合"美式审美"的创意图片，对品牌旗舰店进行了改造，提升页面的视觉冲击力和转化率；另一方面通过美国电动汽车博览会等开展线下活动，以真实的产品体验塑造独特的品牌形象，并通过精细化的广告运营，充分运用亚马逊站内和站外的流量，推动销售转化，提升品牌价值。

CHAPTER 7 第七章
先进制造业与现代服务业融合发展
助力制造业跨越式发展

先进制造业和现代服务业融合发展成为制造业跨越式发展的重要推动力。新一轮科技革命和产业变革蓬勃发展，企业之间通过协同研发创新、深化业务关联、产业链供应链延伸完善、技术互相渗透和溢出等途径，加快推进了先进制造业与现代服务业融合发展步伐，进而衍生出诸多新业态、新模式和新路径。

当前，在新发展形势下，进一步推进先进制造业和现代服务业融合发展符合产业经济学发展的规律，也符合在全球跨国公司、大型企业引领下的制造业服务化的发展趋势。

第一节　先进制造业与现代服务业融合发展的必然性及经验借鉴

一、新工业革命背景下制造业和服务业融合发展是历史的必然

新工业革命的持续推进带动了新一轮的国际产业分工、产业变革、产业链供应链调整，这既是各国面对后疫情时代经济发展所采取的对策，更是各国为尽快适应数字化、智能化、绿色化时代的到来所做的准备。

（一）工业革命背景下制造业与服务业融合发展回顾

人类工业化的历史就是一部制造业与服务业的融合史。在历次工业革命影响下，制造业与服务业融合主要呈现出以下三个方面的特征。一是从范围看，制造业与服务业融合呈现出明显的行业领域差异，在工业化早期和中后期，不同层次的融合程度参差不齐。二是从业态看，在技术不断更新和新业态不断涌现的影响下，制造业与服务业融合是渐进呈现的，由早期的基础层结合，日益发展到后来的高层次结合。历次工业革命的经验显示，对于一个制造企业，代表新兴的、先进的和有潜力的生产制造部门（环节）和可以单独归为服务部门（环节）的产业链总是最容易首先发生融合，并逐渐全面融合推进企业生产效率提升。三是从区域经济看，在以前的历次工业革命期间，各个国家和地区之间由于经济和社会发展程度不一，前三次工业革命产

业比例也各有不同，制造业服务化程度是受本国和地区经济发展水平制约的，是与本国和地区的产业结构相辅相成的。

工业化早期是制造业与服务业的基础层结合，工业化中后期则是融合的新业态、新模式不断涌现。在新工业革命时期的英国，与蒸汽机相关的企业就开始为下游终端客户提供不同程度的培训和售后维修服务，在制造业服务化方面走在了时代的前列。20世纪80年代，在经历过前三次工业革命之后，传统的商品经济逐渐向制造与服务边界越来越模糊的服务经济过渡。例如，在经销商售卖完产品以后，消费者遇到问题会反馈到经销商或直接反馈到厂家，有的产品的铭牌处有厂家的联系方式、产品"三包"出厂证明等信息，这些都体现出服务化的特征。制造业服务化也是从基础到高级不断演进的。从制造企业或厂家剥离出来的服务部门成为制造业服务要素的重要供给者，即第三方服务机构。这些机构具有系统性的业务，针对服务具有单独的品牌和流程，甚至不断涌现新业态或新模式，从而转变为制造企业重要的核心竞争优势。在新工业革命影响下，特别是进入21世纪以来，制造业服务化进入一个新的发展阶段，随着消费终端对产品使用属性要求的增长，售后服务端对生产制造商的竞争力的影响更加明显，服务业占比呈现日趋增加态势，如众所周知的海尔电器售后服务就成为了标准化流程。

按照工业经济发展阶段理论划分，可以判断中国总体上已经进入工业化中后期阶段，和英国、美国、德国、日本等发达国家相比，中国制造业服务化融合发展趋势不断增强。21世纪以来，中国早期知名的产品品牌，如海尔、海信、格力等，涉及家电、汽车、通信设备、消费电子、工程机械等领域的大型企业，均有了标准的生产及运维服务流程。设计、研发、实验等个性化和专业化服务，检测、维修、部件定制、工程总承包、交钥匙工程、整体解决方案、物流管理、信息服务、供应链管理等是当前中国制造业与服务业深度融合的重要方向和领域[1]。随着经济全球化的不断深入，越来越多的

---

[1] 邓洲. 制造业与服务业融合发展的历史逻辑、现实意义与路径探索[J]. 北京工业大学学报（社会科学版），2019, 19(4): 61-69.

领先制造企业开始运用服务增强产品竞争力，同时帮助企业获得更高的利润。与此同时，在"货比三家"的思维模式下，同类企业服务质量的差别会对企业提质增效产生重要影响。从"微笑曲线"看，服务端往往具有更高的利润，越来越多的企业更倾向于做好服务端，以增进企业在消费端的黏性。从社会层面看，服务端容易产生大量的就业机会，进一步增加社会和谐稳定。以汽车行业为例，全球车企的利润逐渐从制造端向售后服务和运维端转移。诸多车企已经将非核心服务从核心生产线或围绕产业链环节单独列出，成立单独的事业部门，进一步促使服务向价值链中高端延伸。

（二）新工业革命背景下制造业与服务业融合发展新趋势

云计算、大数据、人工智能、移动互联网等新一代信息技术的创新与应用已然成为新工业革命的重要驱动力，也是推进制造业服务化发展的重要引擎。一方面，工业和信息化的深度融合成为新工业革命的重要特征。制造业产业链涉及的各个环节（研发设计、订单处理、生产制造、物流运输、财务管理、人力资源管理、检验检测、售后服务等）都实现了信息化、数字化转型升级，分工界限进一步明确，这使得生产型服务业的特征日益凸显。近年来的实践证明，新兴的生产型服务业都与信息化、数字化高度相关。另一方面，大数据技术及应用成为制造业服务化的重要载体。产业数字化和数字产业化成为当前制造业发展的一大特征。通过工业互联网推进终端信息联通与数据收集，通过数据挖掘、清洗与加工，对数据加以开发与应用，这些使得制造业服务化变得更为高效，传统制造业和服务业的边界变得更为模糊，新业态、新模式不断涌现。例如，当前的智能制造车间、灯塔工厂、电子商务消费平台的综合应用，就是得益于大数据、人工智能、物联网、云计算等新一代信息技术的赋能。

现代企业的生产制造过程对人力、土地、资本、技术等传统要素需求呈现集约化特征，对专业化服务的需求与标准不断提高。在新工业革命影响下，越来越多的高新技术企业的精益制造生产过程需要更多的专业服务作为支撑。根据国际机器人联合会（IFR）的统计，随着工业机器人的应用场景越来越多，采用工业机器人虽然减少了普通工作人员的数量，但每 10 台机器人需要 1 名技术人员进行后台管理服务。互联网的普及与发展促进了新型商业模式的兴起，众包、开源、电子商务等模式开始得到广泛推广。这种发展趋势使得各专业服务项目（如商业服务、金融服务、企业审计、资产评估、企业保险、物流运输、专业咨询、检验检测、设备售后运营维护等）能够更紧密地参与或嵌入工业产品的生产制造过程，这将进一步提升产业链（生产制造过程）中的服务价值。

制造业与服务业融合使价值链体系塑造、服务环节的延长和细化趋势明显。随着生产环节中制造与服务的深度融合，制造业的产出也呈现明显的服务化趋势。随着信息网络技术应用不断地扩大，制造业的分工不断细化、价值链也不断细分，这成为制造业产品或包装服务的比例不断提高的主要原因。越来越多的制造企业将提供产品相关服务作为差异化竞争的重要手段。很多情况下，难以明确区分一个产品究竟是属于工业产品还是服务产品[①]。随着高端装备制造、消费穿戴电子产品、新能源或智能网联汽车等产品呈现服务化趋势，传统的服装、食品领域的产品也开始融入更多的服务元素，以此来提高产品附加值。华为公司出售的 Mate 60 系列手机就是智能移动终端与数字内容服务融合的产品。从上游环节的消费市场调查、产品研发与设计、工艺优化与改进，中游环节的生产制造设备安装与维护、机器调试与投产，下游环节的销售和运营维护服务，到最终产品的报废与回收处理等，各环节正在得到进一步细化，部分专业化生产服务环节被单独列出，成立单独的企业事业部门或由专业的第三方服务企业承担，服务环节在价值链中的占比逐渐增加。当前阶段，产业链中还出现了一批只关注企业战略管理、新产品设计与研发、消费端营销等活动的企业，他们完全不涉及制造环节。例如，小米公司就是近年来制造业服务化、服务环节得到完全延伸的成功案例。

---

① 邓洲. 制造业与服务业融合发展的历史逻辑、现实意义与路径探索[J]. 北京工业大学学报（社会科学版），2019, 19(4): 61-69.

二、高端制造服务业是两业融合跨越式发展的具体表现

高端制造服务业作为先进制造业与现代服务业深度融合的产物，既有制造业特征，又有服务业特征，其越来越受到各国政府、学术界、产业界的关注。

高端制造服务业是采用现代管理方法和现代信息技术的制造服务业，是对产品制造和使用过程提供各种服务的总称，是生产型服务业的重要组成部分。它涵盖制造企业设立的服务机构或社会第三方服务机构，通过该机构帮助制造企业提质增效，进一步提升企业竞争力，为用户提供以知识密集、附加值高为特征的服务活动。随着市场竞争日益激烈，高端制造服务业在为制造业发展提供支持的同时，也在不断拓展和深化其服务内容和范围。传统服务业以服务为核心，而传统制造业以产品为核心，只注重产品的生产。产品通过销售实现价值，而附加值高的产品更受顾客青睐。高端制造服务业实行"以产品和服务为核心"的模式，向顾客提供具有丰富服务意义的产品或以产品为载体的服务。

高端制造服务业以客户需求为导向，充分强调客户与生产者交流的重要性，通过把握客户需求实现个性化服务和生产。高端制造服务企业为客户提供各种咨询和互动平台，在为客户提供信息咨询的同时，获取客户的个性化需求。

高端制造服务业离不开信息和数字技术的支撑与渗透。生产过程中所需的需求分析、产品设计、各种虚拟平台的搭建等，均需要通过信息技术得以实现。云计算、大数据、物联网等新一代信息技术的应用越广泛，高端制造服务业的发展就越快。

高端制造服务业以专业化为特色，拥有自己的行业分类，各行业分类下又有细分领域和明确的分工，为制造业产前、产中、产后各个环节提供专门的服务。随着高端制造服务业的发展，这些服务将会越分越细，专业化程度将会越来越高。

按照服务对象和服务阶段划分，可以将高端制造服务业大致分为两类，

即面向制造业的产品服务和面向制造业的生产型服务。高端制造服务业包括个性化定制、总承包总集成、售后服务、工业云服务平台、研发设计服务、精准供应链管理、电子商务、融资租赁等。

面向制造业的产品服务由制造企业或服务企业向产品用户提供，主要集中在售前和售后两个阶段。（1）个性化定制：需求分析、产品定制、3D打印等。（2）总承包总集成：系统集成、工程总承包、整体解决方案等。（3）售后服务：在线监测、远程监控、检测维修、保养、回收、再制造、零部件定制与租赁等。

面向制造业的生产型服务由服务企业向制造企业提供，包括制造企业开展业务所需要的各类服务，以及业务外包之后所产生的服务。（1）工业云服务：云平台的搭建、云计算、大数据、物联网等。（2）研发设计：技术研发与试验、产品工业设计、时尚设计、虚拟仿真等研发服务。（3）精准供应链管理：智能物流、第三方物流、第四方物流、供应链采购、逆向物流、实时补货、供应商管理库存（VMI）、冷链物流等。（4）电子商务：大宗原材料网上交易、工业产品网上定制、跨境电子商务、移动电子商务、O2O等。（5）融资租赁：直接融资租赁、经营性租赁、出售回租、转租赁、委托租赁、分成租赁、设备租赁等。

我国服务型制造的概念由西安交通大学汪应洛、孙林岩等提出，他们认为，服务型制造旨在实现价值链中各利益相关者的价值增值，通过产品和服务的融合、客户全程参与、企业相互提供生产型服务和服务型生产，实现分散化制造资源的整合和个性竞争力的高度协同，达到高效创新的一种制造模式。2015年，制造强国战略指出"加快制造与服务的协同发展，推动商业模式创新和业态创新，促进生产型制造向服务型制造转变"。2016年，工业和信息化部联合国家发展和改革委员会、中国工程院印发《发展服务型制造专项行动指南》，给出了服务型制造的具体定义：制造业企业通过创新优化生产组织形式、运营管理方式和商业发展模式，不断增加服务要素在投入和产出中的比重，从以加工组装为主向"制造+服务"转型，从单纯出售产品向"产品+服务"转变。《中国服务型制造发展报告（2018—2019）》中提出，服务型制造=制造业企业+面向用户+基于产品(制造商自有)+增值服务。从宏观经济视角看，无论是制造业企业本身提供更多的基于产品的高级服务，还是由专业化的服务企业提供基于产品的高级服务，由制造活动或产品延伸、衍生出的服务的总量和基于服务的收入都会增加，整个经济会呈现出服务化的趋势[①]。

三、发达国家的经验与启示

从全球看，发达国家均是工业革命的受益者，通过工业革命带来的颠覆性技术创新，推进本国社会变革与发展。目前，各大主要经济体的服务业占比基本在60%以上。随着全球居民收入水平不断增长，数字经济、人工智能等新兴技术对经济社会的全面渗透，正引起和带动生产生活方式的深刻变革，服务业扩容提质成为产业转型升级的必然选择。虽然近年来受新冠疫情等不确定性因素影响，全球经济增速放缓，但在新工业革命的推动下，全球产业结构总体呈现出制造业向服务业转型和二者融合发展的趋势，个性化定制、现代物流、信息服务、金融服务、研发设计服务等新业态和新模式迅速崛起。

（一）部分发达国家和地区发展概况

1. 美国：政府主动作为，延长和完善高端制造服务环节

美国是世界制造业服务大国，这与其产业发展过程和政府管理水平具有根本关系。在美国高端制造服务业的发展中，科技创新服务业和现代信息技术服务业发展最明显，取得的成就最大。从产业结构看，2022年，美国GDP约为25.4万亿美元，服务业占GDP比重约为80%，制造业占GDP比重仅为10%左右。2018年，美国发布了《先进制造业领导力战略》，将保持先进

---

① 服务型制造研究院. 服务型制造：助力建设现代化产业体系[M]. 北京：中国发展出版社，2023:8.

制造业领导力上升作为国家战略，未来希望抢占和保持先进制造业制高点。2019 年，美国发布了《美国将主导未来产业》报告，将先进制造业列为推动经济繁荣与促进国家安全的四大未来产业之一。2020 年，美国总统科学技术顾问委员会发布《关于加强美国未来产业领导地位的建议》，对未来产业进行了具体部署。以上战略和政策说明，美国一直希望保持制造业的竞争力，以确保国家安全和持续的经济繁荣。美国在重视先进制造技术、建设新型研究机构、完善产业链供应链、营造良好营商环境、培育科技人才等方面，都紧密围绕先进制造业展开，以期提高其国际竞争力[①]。

一是为技术服务业提供制度保障。制定"支持专利权"政策，扩大专利权应用范围，有助于确保美国始终保持在技术竞争上的优势。自 20 世纪 80 年代以来，美国高技术服务业得到快速发展，不仅在其国内 GDP 中的比重大幅上升，内部结构不断优化，而且在全球技术服务业市场始终保持领先地位。2022 年，美国计算机软件开发、专业设计、科研、科学和技术服务等知识密集型服务业增加值占 GDP 的比重约为 40%。

二是突破信息服务业发展的制度约束。强化信息技术赋能，以先进制造业为重点发展任务，推进实施"再工业化战略"，加速服务型制造发展。美国牢牢掌控全球制造业的设计、研发、融资等一系列核心环节的服务环节，抢占人工智能、芯片、量子技术等高新前沿科技领先地位。美国政府高度重视提升本国信息服务行业的全球竞争力。例如，在关贸总协定（GATT）及随后的世界贸易组织的多边谈判中，美国持续致力于消除限制本国信息服务行业发展的各种障碍与壁垒。信息技术相关产业的迅猛发展，不仅推动了美国，而且促进了全球对信息服务的巨大需求。

三是构建良性循环的一体化集聚区。美国硅谷电子信息、集成电路等高新技术产业的研发、设计与制造形成一体化运作，形成良好的区域产业生态。随着经济的发展，美国的主要都市区域是高端制造服务业的核心集聚地

---

① 服务型制造研究院. 服务型：制造助力建设现代化产业体系[M]. 北京：中国发展出版社，2023：43.

与办公区域。这些区域具有劳动力、资本和信息资源高度集中的优势，并逐渐配备了完善的公共服务设施，为各产业的蓬勃发展奠定了坚实基础。芝加哥市政府提出以服务业为核心的多元化经济发展战略，致力于推动本地区的高新技术产业发展，并成功吸引了众多服务型企业集聚。

2. 欧盟：构建具有地域特色、职能明确的核心服务区

当前，欧盟（EU）不仅是全球高端制造业的集聚区，也是服务贸易领域最大的经济体，同时也是除美国以外的世界第二大服务经济体。从产业特色看，鹿特丹位居欧洲港口城市之首，而法兰克福则以其航空业闻名世界。除此之外，芬兰在基础电信服务、瑞士在金融服务行业都展现出明显且独特的优势[1]。2022年，欧盟GDP为16.6万亿美元，仅次于美国（约26万亿美元）和中国（约19万亿美元），其中，服务业占GDP比重达到70%以上。

一是构建核心区域，形成高端制造服务产业集群。法国巴黎的现代服务业呈现出以一个市中心为主、两个区域次中心为辅的结构布局。城市中心区集中了巴黎70%的金融类企业和60%以上的企业服务商，以及15%的商务活动区。拉德芳斯作为巴黎的关键企业集聚地和商务中心，汇集了超过1600家企业，其中，包括法国最大的20个财团和20家以上的全球100强企业。马尔纳—拉瓦莱区域则专注于科技创新与研发服务和商业服务，同时还是法国著名的休闲产业集中地，著名的迪士尼乐园就位于该区域的欧洲谷。

二是利用地理和产业优势，打造地方特色服务，不断提高竞争力。例如，德国的法兰克福已经发展成为欧洲的交通中心枢纽，这里拥有先进的航运设施和欧洲最大的现代化机场，法兰克福机场在全球排名中稳居前十位。同时，法兰克福的金融服务业也得到迅速发展，成为全球的一个关键金融中心[2]。德国制造业在世界的影响力巨大，根据联合国工业发展组织发布的全球制造业竞争力指数显示，德国制造业竞争力位居全球第一位，中国位居第二，韩

---

[1] 王德禄，张国亭. 国外现代服务业发展借鉴[J]. 商场现代化. 2009, (11): 250-252.
[2] 韩梅. 山西循环型现代服务业发展问题研究[D]. 太原：山西财经大学，2010.

国位居第三。就综合制造业质量和体量而言，德国拥有世界排名第一的制造基础[1]。荷兰鹿特丹通过高效的港口物流服务业，展现了自身的竞争力。

3. 新加坡：通过高端制造服务业推进经济多元化

历经长期的发展，新加坡经济已经从依赖转口贸易的单一经济体系，成功转型为以高端制造业为核心，同时高效发展商业贸易与物流、现代金融、现代旅游服务等国际服务业为重要支柱的经济体系。21世纪以来，新加坡政府顺应新工业革命发展潮流，出台了一系列发展战略与政策，旨在重点推动国际金融、国际通信和国际服务贸易的发展，并为此实施了多项举措。现代服务业是新加坡经济的重要组成部分，占其国内生产总值的60%左右。2023年3月，新加坡制定了"服务业2030愿景"，计划在10年内创造超过10万份新工作。新版的"2025专业服务业产业转型蓝图（ITM）"目标是2020—2025年，每年专业服务领域的增加值取得3%~4%的增长，预计从2020年的230亿新元增至2025年的270亿新元。

具体来看，一方面，新加坡政府制定了促进高端制造服务业快速发展的优惠政策。政策规定凡固定资产投资在200万新元以上的服务业企业，或营业额在100万新元以上的咨询服务、技术指导服务等企业，所得税可减半，并规定对服务贸易出口收益只征收10%的所得税[2]。另一方面，新加坡政府积极吸引并有效利用外国投资，尤其是在服务业领域。为此，政府出台了一系列优惠政策，例如，对于在新加坡设立区域性总部的跨国公司，提供为期10年、并优惠10%的公司所得税率，同时免除其分配股利的所得税。自2020年起，除主要业务为投资控股的公司及为出售、投资或两者兼有而进行房地产开发的公司外，符合条件的新设企业应纳税收入的前10万新元部分享受75%的税收减免，10万~20万新元部分享受50%的税收减免。对于符合条件的企业，此项免税计划在企业新成立的前三个课税年有效。此外，为了激励国际金融业务的发展，新加坡政府还免除了离岸金融业务收入的所得税。

---

[1] 服务型制造研究院. 服务型制造助力建设现代化产业体系[M]. 北京：中国发展出版社，2023：47.
[2] 刘婧. 服务业发展的国际经验及启示[J]. 商业时代，2006，(17)：14-15.

4. 日本：重视打造适合服务业发展的优良环境

21世纪以来，日本多个工业领域开始全面普及服务型制造。2016年，日本出版的《制造基础白皮书》提出，政府要督促企业家，根据市场变化促进经营创新，产品的附加值要从"物"向"服务"转型，仅仅生产制成品已经无法更好地参与国际竞争。日本服务业增加值占GDP的比重从1970年的52.07%增加至2021年的69.47%；工业增加值占GDP的比重呈下降趋势，从1970年的42.88%下降至2021年的29.02%。服务业在日本经济发展中的地位持续提升，服务业的快速发展得益于日本政府为产业发展所创造的良好环境。

一是建设以现代物流业为代表的服务业基础设施。日本政府通过提供恰当的政策支持，成功地促进了物流产业的快速发展，使其迅速跻身世界领先水平。日本物流业的初期发展依赖于新兴的电子通信技术和互联网技术。后期为支持物流业的成长，日本政府及时推出一系列涉及物流和交通运输领域的政策举措，促进物流业技术的更新与进步，进一步为其物流业的发展奠定坚实基础。在硬件环境方面，日本政府积极推动包括铁路、公路、港口设施和航空枢纽在内的基础设施的全面建设。同时，日本政府根据本国的地质特征，注重对物流设施用地进行周密规划，从而形成了多个规模不一、相对集中的物流配送中心。在软环境方面，新的物流管理方式、物流管理系统、物流软件得到很大程度的更新。日本政府利用其在电子通信、集成电路等领域的技术优势，将其广泛融入现代物流业，促进了物流业运营的网络化、系统化，显著提高了物流业效率。

二是搭建高端制造服务业发展的信息服务平台。日本政府会向企业定期或不定期地提供关键的行业信息。为了促进企业信息化的发展，日本通产省实施了一系列战略性措施，如积极倡导"制造业系统集成（SI）"服务企业的发展，并建立了"SI企业注册制度"。对于被认定为SI企业的公司，政府实施税收优惠政策，以激励企业通过计算机进行信息交换，提高信息化、数字化水平。日本许多知名大型企业都建立了全面的信息搜集和研究体系，这些体系连接了国内外的多个办事处，确保企业能够随时与国内任何信息机构保持联系。在物流行业，日本政府与主要物流企业合作，共同创建了电子物流信息平台，提高行业间信息利用水平。

（二）经验与启示

1. 顶层设计推动高端制造服务业创新发展

从经济绩效上讲，服务创新的价值往往不亚于技术创新，甚至高过技术创新。美国推行"工业互联网"战略，以推动工业转型升级、重构全球工业、激发生产率。德国出台了"工业4.0"战略，通过搭建"工业4.0"平台，设立"工业4.0"项目，实施政产学研一体化推进的模式，推动制造业转型升级。日本推出了"机器人新战略"，其目标是将日本建设成为全球机器人技术的创新中心、应用领域的领头羊，成为世界机器人技术的引领者。英国推出了"英国工业2050战略"，重振制造业，提升国际竞争力，重现18世纪工业革命时代的辉煌。总体来看，世界各国从本国经济转型的角度出发，纷纷出台相关政策，抢占高端制造服务业发展的制高点，加快了本国实现工业化的进程。

2. 法律法规为高端制造服务业发展提供制度保障

为了推动现代物流业的发展，美国自20世纪70年代起便出台了多条法规，逐步放宽了对陆地、空中、海上等运输领域的监管，采用市场化措施，促使运输成本降低和服务品质提升。在服务业发展促进方面，美国、英国、日本等国家均已建立相应的法规体系或专业资格认证流程，确保了从业人员的专业水平、服务流程的标准化。在现代信息技术的推广与应用方面，日本出台了《IT基本法》，美国制定了《电子政务法》《统一电子交易法》和《联邦信息安全法》等相关法律法规。

3. 行业协会等机构在高端制造服务业发展中充当关键角色

根据美国、日本、英国等国家在该领域的发展经验，许多国家都成立了行业协会或组织以提高高端制造服务业的管理水平。以美国物流协会为例，该协会采用会员制，由个人会员和公司会员构成，拥有超过 3000 名会员。该协会不仅帮助政府进行物流规划和政策制定，还负责规范市场竞争，开展物流领域的专项研究，引导行业发展方向，并组织行业交流活动。此外，还提供信息咨询服务，开展专业培训，为物流行业培养和输送大量专业人才。

4. 健全的人力资源培养体系为高端制造服务业发展提供人才支撑

发达国家（如美国、日本、德国和英国）构建了多级人才培训系统和科学的人力资源开发体系，全面推进在职教育，建立了相应的职业资格认证体系，旨在为高端制造服务业培养大量专业人才，同时积极从全球吸引制造服务领域的专业人才，以满足本国高端制造服务业的人才需求。此外，政府也重视对高端制造服务业企业的培训和指导。以英国为例，政府特别强调对企业的培训与指导工作，以提升企业管理层对高端制造服务业重要性的认识，特别是国际竞争力的认知。如英国政府在各地区设立了顾问机构，并聘请了超过 1000 名退休企业家和工程技术人员作为顾问，协助企业制定发展计划，引导企业调整经营策略，并制定有针对性的培训方案，同时积极推进企业高层管理人员的培训与交流。

第二节　先进制造业与现代服务业融合发展是制造业跨越式发展的组成部分

一、面向制造业的生产型服务模式

（一）创新产品、服务交易便捷化模式

高端制造服务业既包括制造业企业为适应新的竞争环境，增强产业链各个环节的服务功能，也包括服务企业不断拓展服务范围，面向制造业企业提供的各种服务。在信息技术的推动下，产生了智能制造、创新设计等革命性

的制造方式，电商、网购、网银等新业态都提高了产品交易的便捷化水平。随着信息技术的广泛应用，服务型企业可以通过向制造企业提供融资租赁、精准供应链管理、电子商务等多种服务，提高制造企业产品、服务的交易效率和便捷程度，提升制造企业的综合竞争力，实现企业价值链的延伸、形成企业新的竞争优势。

一是融资租赁服务。融资租赁服务涉及中小制造企业通过购买（租赁）的形式，获得某些实物产品在特定时间内的使用权和相关的支持服务。在此过程中，虽然企业可以充分享有产品的使用权，但产品的所有权并未转移。积极鼓励中小微企业借助融资租赁服务获得快速发展、鼓励融资租赁企业创新模式，加强合作、加强融资租赁相关市场建设、积极探索融资租赁新方式，为客户提供更多样化、更优质的服务。

专栏 7-1　Deutsche Leasing：创新融资租赁服务，赋能中小企业成长

Deutsche Leasing 通过国际化和数字化的服务模式，为全球范围内的中小企业提供支持，推动它们的业务扩张。以下是该公司的 4 个典型创新点。

利用本地专业知识和数字工具简化国际金融流程

Deutsche Leasing 为匈牙利的汽车供应商提供了注塑机和其他设备的融资租赁服务。Deutsche Leasing 通过利用当地专业知识和数字工具，管理和简化跨国合同，提高交易的透明度和效率。该服务不仅减少了与国际金融相关的复杂性，而且优化了资产管理和风险评估。

为客户提供定制设计的租赁结构和解决方案

Deutsche Leasing 根据不同国家的法律、税务和文化差异，为客户提供量身定制的租赁解决方案。例如，他们为一个汽车阀门系统制造商提供了设备融资，帮助其在美国建立第一家国际工厂，从而为客户进入新市场提供了信贷历史和更大的财务确定性。

> **基于季节性变化优化租赁支付结构**
>
> 针对园艺行业的季节性销售特点，Deutsche Leasing 为一家波兰的草坪制造商提供了 10 套新的喷灌系统的租赁服务。该租赁服务的主要好处是可以根据业务周期调整分期付款额度，最大限度地减轻了公司的现金流压力。
>
> **推动企业的国际扩张和数字化转型**
>
> 通过在全球范围内提供创新的融资解决方案，Deutsche Leasing 不仅支持企业的物理扩张，还推动企业的数字化转型。例如，他们支持德国一家眼科手术连锁机构在中国扩展子公司，并为其上海、北京和深圳的分支机构融资购买高性能激光设备，此举促进了企业技术的国际化和本地化应用。
>
> Deutsche Leasing 在全球多个行业中运用金融科技和本地市场专业知识实现客户的业务扩展和技术升级。这种模式在推动新能源和高科技设备租赁方面为中国及其他国家的融资租赁服务提供了可借鉴的经验。

二是精准供应链管理。供应链管理是指企业整合上下游资源，构建一个包含物流、信息流和资金流的协同运作系统，旨在为客户提供有针对性的库存管理、实时补货和物流配送服务。该系统能够对客户的交付需求做出及时反应，并通过新增服务项目提升企业收益，同时优化业务操作以提高合作伙伴的利益。此外，鼓励以服务为导向的企业为制造行业提供精确的供应链管理服务，尤其是大力发展第三方物流、第四方物流等，鼓励企业创新供应链管理服务模式，提升企业供应链管理服务水平。

> **专栏 7-2　Airbus：先进的物流智能监测解决方案**
>
> 空中客车公司（Airbus）是全球领先的商业客机生产商之一，肩负着制造全球大多数大型新客机（超过 100 个座位）的任务。随着其供应链地理分布的广泛化，跟踪从供应商到其 18 个生产基地的部件、组件和资产

的运输过程变得日益困难。

为了增强整体监控能力，Airbus 开发了高效的感应监测系统，用于追踪货物是否偏离了预定路线。该系统包括智能集装箱，这些集装箱安装了带有关键信息的射频识别技术（RFID 标签），能在部件运输到组装线的过程中进行追踪。在每一个关键的检查点，扫描器都会检查这些标签。如果发现货物错位或部件不符，系统会在问题产生影响前向操作人员发出警报，以便尽快纠正。

Airbus 的感应监测系统是制造业中最大规模的供应链解决方案之一，有效减少了交货错误的发生率，同时也降低了修正错误的成本。通过精确跟踪部件在供应链中的位置，Airbus 将集装箱使用量减少了 8%，显著节约了运输费用，同时提高了部件流通的整体效率。这一先进的供应链系统使 Airbus 能够有效应对预期内外的成本和竞争挑战。

管理者能够全面监控供应链的每个环节，包括即将离港的货物、生产线上的部件和销售中心或客户仓库中正在卸载的货物。这种全面的可视性无须供应链合作伙伴的额外努力，使得信息共享变得更加便捷。

在智能供应链环境中，信息的共享和报告任务由物件而非人员承担，关键数据源于相关的货车、码头、货架、部件和产品。这种可视性不仅促进了更好地规划，还能实现基于实时数据的操作。限制可视性的不再是信息的稀缺，而是信息的过量。智能供应链通过智能建模、分析和模拟功能，实现对信息的全面掌控。

三是电子商务。随着信息技术在市场交易中的深入应用，以客户为中心的电子商务服务日益成为提升企业竞争力的关键因素。制造企业通过构建客户导向的电子营销系统，实现了其经营管理系统与生产单元及分销网络信息系统的整合；同时，通过全程监控质量异议和客户订单，提高了从生产到交付的整体服务质量，加快了对客户需求的响应速度，并显著提升了客户满意度。政府通过积极营造鼓励电子商务发展的政策环境，鼓励服务企业探索电子商务新业态，支持制造企业电子商务平台建设，加快推动重点行业电子商务试点示范，为制造企业提供优质的电子商务服务。

> **专栏 7-3　Albertsons：优化搜索与个性化内容，领航全渠道电子商务体验**
>
> 艾伯森公司（Albertsons）是一家在电子商务和在线客户体验领域表现突出的美国连锁超市公司，其电商平台特别强调通过先进的搜索优化技术和个性化内容提升用户体验。以下是 Albertsons 在电商领域的独特之处和亮点。
>
> **利用自然语言处理优化搜索体验**
>
> Albertsons 引入了 Bloomreach Discovery 的自然语言处理技术，该技术可以精确地解析用户查询的意图，这一点与许多传统电商平台不同，后者可能依赖简单的关键词匹配技术，不能很好地理解用户的复杂意图。
>
> **提高购物车构建速度**
>
> 通过优化搜索功能，Albertsons 显著提高了购物车构建速度，这一改进使顾客能够快速找到并购买他们所需的商品，提升了 25% 的购物效率，显著提高了顾客的购物满意度。这种对搜索和用户界面的重视，在提高用户体验方面具有示范效应。
>
> **个性化内容推荐**
>
> Albertsons 运用 Bloomreach 提供的算法，不仅改进了产品搜索结果，还能根据顾客的历史行为和偏好推荐个性化内容。这种深度定制的购物体验帮助 Albertsons 提升了顾客忠诚度和复购率，这是许多电商平台尚未充分实现的功能。
>
> **全渠道整合**
>
> Albertsons 还致力于提供无缝的全渠道购物体验。顾客可以在线选择商品，选择门店自提或家庭送货，确保了服务的灵活性和便捷性。这种整

合线上与线下的购物体验是 Albertsons 区别于其他电商的一个重要亮点。

这些创新举措不仅增强了 Albertsons 作为零售商的市场地位，也为制造企业提供了一个成功运用电子商务技术优化客户体验和运营效率的案例。通过借鉴这种模式，制造企业可以更好地整合他们的生产单元和分销网络，提高响应市场变化的速度。

（二）围绕客户需求打造专业服务模式

"互联网＋"策略不仅促进了制造业从以产品为中心的服务模式向满足客户需求的服务模式的转型，也加快了服务业制造化的进程，越来越多的服务型企业创新服务模式，为制造企业提供各种专业化、特色化的服务，拓展了其利润空间和增长潜力。

随着技术水平的不断提升和专业化分工的加深，研发设计逐渐分化独立形成研发设计服务业。首先，要利用产业创新联盟、中小企业研发服务联合体和高校、科研机构等主体开展行业共性关键技术研发，加快推进研发服务基地和产业集聚区建设，不断增强研发服务能力，做大一批中介服务机构，提升为制造企业提供专业化服务的能力和水平。

专栏 7-4　宁德时代：致力技术研发，创新驱动高质量发展

宁德时代新能源科技股份有限公司（以下简称"宁德时代"）位居全球锂离子电池研发和制造企业的前列，专注于开发、生产和销售新能源汽车动力电池系统和储能系统，旨在为全球新能源应用提供顶级解决方案。该公司致力于使用先进的电池技术与风力、光伏和水力等可再生能源结合的高效电力系统，取代以化石燃料为主的传统能源系统。通过电动化与智能化的结合，宁德时代在材料体系、系统架构、极限制造技术和商业模式四个方面持续进行创新和突破，不断推动市场应用的集成创新。

宁德时代非常注重研发投资，2019 年其研发支出达到 29.9 亿元人民币，比前一年增加50%。研发团队拥有5364名成员，其中，143名博士，超过39%的成员拥有硕士及以上学历。宁德时代的研发覆盖了材料开发、产品开发、工程设计、测试分析、智能制造、信息系统和项目管理等多个领域。

宁德时代设有电化学储能技术的国家工程研究中心、福建省锂电池企业重点实验室和中国合格评定国家认可委员会（CNAS）认证的测试验证中心。公司还建立了"博士后科研工作站"和"福建省院士专家工作站"，并正在开发专注于新能源前沿技术的宁德时代21C创新实验室。同时，宁德时代在继续强化自主研发的基础上，还积极与国内外著名企业、高等院校和科研机构建立了深入的合作伙伴关系，主导或参与了超过50项国内外标准的制定或修订。

宁德时代根据锂电池行业和企业自身特点制定智能制造战略，结合精益化、数字化和智能化的实践探索，旨在提高质量、降低成本并增强效率。在锂电池生产制造过程中针对万米级的极片长度、亚微米级的精度控制、秒级的电芯生产速度、毫秒级的数据处理及多场耦合的复杂制程，率先应用孔隙自由构筑的高速双层涂敷和亚微米级智能调控卷绕等技术，开发了具备自主产权人工智能多级"云-边-端"联动缺陷检测系统，通过和设备互动形成加工参数的全线正反向反馈机制，使产品一致性达到了CPK2.0以上，并对全程3000多个质量控制点进行缺陷检控，缺陷率控制到9σ的PPB级水平。

自研装备，协同合作

宁德时代自主研发高速分散搅拌装置、双层多面高速挤压涂布机、极片辊压机、高速模切设备、极耳焊接机等关键技术装备，提高了产品性能的一致性、保证生产效率的稳定性和数据的多样性。在设备研发过程中与供应商通力合作，为供应商提供技术支持，保持信息互通，实现互惠互利。

数字孪生技术助力智能研发

在智能研发设计方面，宁德时代秉持先进的研发理念，构建了开发迭代体系，应用数字孪生技术建立大量的产品仿真设计模型和工具链，打造了智能化研发设计环境。同时，对样品线的生产过程做到全系统管理，实现从需求到验证的全流程打通，并通过产品生命周期管理（PLM）系统对研发数据进行全生命周期管理。

人工智能技术助力智能制造

以机器视觉在生产过程中的姿态控制、信息追溯、质量检测等环节的大规模运用为基础，将传统的数字图像处理和人工智能检测技术相融合，在产品在线缺陷检测领域发挥了重要作用。该技术可实现直接在设备端完成图像采集和图像处理，并通过训练后的人工智能模型完成缺陷盘点，及时发现缺陷产品，极大地提高了全过程产品质量控制水平和良品率。

二、面向制造业的产品服务模式

（一）围绕产品提供增值服务模式

随着加工制造技术的大规模发展和成熟，标准化的工业产品实现了大批量生产，从而加剧了产品同质化的竞争。在这种新兴的市场竞争中，众多制造企业开始通过提供附加值服务，确保产品的稳定运行和效能最大化，以此在竞争中获得差异化的优势。基于制造业的发展基础和优势，为制造产品提供增值服务的方式主要包括个性化定制和售后服务。

一是个性化定制。个性化定制指的是制造企业通过互联网收集用户的个性化需求，推动设计、研发、生产和供应链管理等关键环节的改进，实施以个性化产品为基础的服务和商业模式的创新。整合和对接制造设计资源和客户需求，加快技术研发与产业化，为制造企业开展个性化定制提供技术支撑。

专栏7-5 定制革命：Nike如何重塑全球高端运动装备市场

美国运动品牌Nike通过其创新的定制平台，不仅满足了市场需求，而且重新定义了体育用品的消费体验。

技术驱动的个性化解决方案

Nike通过在线定制服务平台Nike By You（原名NikeiD）为用户提供了一种革命性的消费体验，允许用户从鞋款设计到颜色选择等多个方面进行个性化定制。该平台结合了最新的数字技术和创新设计理念，通过高度的客户参与度，增强了消费者与品牌之间的互动，提高了顾客的忠诚度。

响应消费者需求的快速制造

Nike利用高效的供应链管理和先进的制造技术，缩短了从设计到生产的时间，能够在几周内将定制产品交付给消费者。这种快速反应能力不仅提高了顾客满意度，还加强了Nike在竞争激烈的市场中的地位。

可持续发展的创新策略

在追求个性化的同时，Nike也致力于可持续发展。公司通过使用回收材料和推广环保生产以减少对环境的影响。这种责任感体现了Nike对未来发展趋势的响应，同时也提高了品牌的市场影响力。

Nike的这些创新不仅改变了运动装备的购买方式，也推动了整个行业向更加以"客户"为中心和可持续的方向发展。通过持续的技术投入和市场洞察，Nike已经建立了一个能够迅速适应市场变化和消费者偏好的灵活商业模式。

随着全球市场对高端个性化产品的需求不断增长，Nike的定制化策略不仅提升了其品牌价值，也为其他企业树立了成功的商业模式范例。未来，随着技术的进一步发展和消费者需求的继续演变，Nike将继续引领定制化和创新的潮流，重塑全球高端运动装备市场。

二是售后服务。在产品日益同质化的市场中，企业在提供物美价廉的产品的同时向顾客提供完善的售后服务已成为现代企业市场竞争的新焦点。通过鼓励企业搭建在线服务平台，支持企业发展产品配送、安装调试、以旧换新等，为客户提供良好的售后服务。

专栏 7-6　陕鼓：为客户提供全方位分布式能源系统解决方案

陕西鼓风机（集团）有限公司（以下简称"陕鼓"）是陕西省唯一入选国家级先进制造业和现代服务业融合发展试点的国有制造业企业。在服务型制造转型实践中，该公司基于对用户隐性需求的分析，秉承"全心全意为用户服务"的宗旨，助力用户实现绿色高质量发展。该公司不断通过服务技术创新和服务模式创新，为客户量身打造个性化的系统解决方案，延伸服务领域，拓展服务边界。

发力"双碳"目标，陕鼓创新能源互联岛技术，打造了智能制造基地。与此同时，陕鼓将储能技术与能源互联岛技术结合，形成了智慧能源互联岛方案，并荣获中国十大碳综合示范典型案例。该方案分为基础能源互联岛、专业基础能源互联岛、专业能源互联岛三个层次，破解城市和工业绿色低碳发展难题。目前，陕鼓的钢铁能源互联岛、城市能源互联岛、电力能源互联岛、石化能源互联岛、数据能源互联岛、"一带一路"能源互联岛等应用场景，旨在帮助用户降本、降碳、增盈，推动产业发展迈上新台阶。

如今，由500多名陕鼓人组成的专业服务团队，正在为国内外用户提供智能化的"保姆式"工业服务支持；在冶金、硝酸、能源化工、压缩空气储能、碳捕集利用、智慧城市、垃圾处理、生物质发电、热电联产等领域的400多个项目现场，为国内外客户提供智慧绿色的分布式能源系统解决方案和服务。

千余名技术专家形成了强大的全体系支持力量，在全生命周期智能化远程故障服务监测系统和"1+2+N"服务智能化平台上线上监测、诊断、解决用户装置运行问题；通过产品智能化、过程智能化、服务智能化，建立工业服务支持中心，向客户提供全方位的智能化服务。在为用户机组提供高效、及时、精准的全生命周期设备管理和远程监测诊断分析服务的基础上，陕鼓还研发了 AR 数字化服务平台，为用户提供更高效、更精准、更便捷、更专业、更全面、更贴心的智能化服务；在产业增值链方面，为客户提供原料、装备、工程、BOO 运营、终端产品销售的全产业生态链。

在服务型制造方面，陕鼓已经探索出了独具特色的发展模式，取得了显著发展成效。2021 年，陕鼓被国家发展和改革委员会列入第二批国家级先进制造业与现代服务业融合发展试点企业；被工业和信息化部授予首批服务型制造试点示范企业。

陕鼓充分发挥龙头企业优势，大力提升大型风机装备技术研发及产业化能力，升级全生命周期一体化服务模式，优化供应链、提升技术水平、推动服务规范化和标准化，打造服务智能化平台，主动挖掘用户需求，强化高端制造，以绿色发展实践践行初心，打造分布式能源系统解决方案的陕鼓特色供应链产业，向全球工业领域上下游产业企业提供多领域、"一站式"综合服务解决方案，走出了一条国有企业以两业融合试点为契机推动装备制造产业走绿色化转型升级的新路径。

（二）整合产品与集成服务模式

随着制造业产品逐渐完善，客户需求已经从单纯的产品转向包括产品和服务的综合需求。能否为客户提供一体化的产品解决方案及集成服务，成为制造企业能否在市场中取胜的关键。通过创新模式和功能，向客户提供从规格确定、研发、设计、制造、安装到维护的全流程服务和系统化产品整合，可以帮助制造企业拓展业务并推动行业升级。

总承包总集成服务是制造企业优化整合各种资源、加强集成创新与总体管控运筹、提供综合解决方案与服务的一种商业模式。大力发展总承包总集成服务不仅是提升企业综合竞争实力的重要手段，也是推动经济发展方式转变的重要途径。政府通过进一步鼓励制造业重点领域企业开展总承包总集成服务，加大对提供总承包总集成服务企业的资金支持，全面提升制造企业集成服务能力。

专栏 7-7　全面融合：Gray 公司重塑全球制造服务

格雷建筑（Gray）公司是一家总部位于美国的全球性制造服务企业，以其在行业中的领先地位和创新能力而著称。在当前全球市场快速变化的环境中，制造企业面临前所未有的挑战和机遇。Gray 公司通过其独特的整合服务模式，在国际制造业中树立了新的标杆。

全方位的服务集成

Gray 公司不仅提供工程设计、建筑和制造服务，还通过其广泛的服务网络支持全球客户。公司的一体化服务覆盖了从项目初步设计到最终实施的全部阶段，确保各种复杂项目能够精准满足特定客户需求。这种全方位的服务集成大大提升了项目执行的效率和质量。

技术与自动化的深度融合

Gray 公司的成功也得益于其在技术和自动化领域的持续创新。公司不断引入最新的数字和自动化技术，如机器人视觉和过程自动化，以提高生产效率并降低成本。这些技术的应用不仅优化了制造流程，还增强了产品的一致性和可靠性，达到了高端市场的严格标准。

扩展服务范围与市场适应性

Gray 公司通过灵活的服务模型适应不同市场的需求。无论是食品和饮料、数据中心还是先进技术领域，Gray 公司都能提供定制化的解决方案，公司的全球服务网络确保了快速响应客户需求，这使得公司能够在全球范围内扩展其业务并吸引更多的客户。

Gray公司通过全方位的服务集成和技术创新，在全球制造服务领域确立了领导地位。公司的成功案例强调了制造企业在面对日益复杂的全球市场时，整合产品与服务、采用先进技术和扩展服务范围的重要性。随着全球市场对定制化和高效服务的需求持续增长，Gray公司的模式为其他制造企业提供了可借鉴的范例。

路径篇

第八章
主要工业化国家应对新工业革命的思路和举措

新工业革命正以前所未有的速度和广度改变着全球工业的生产方式和经济格局，为全球各国制造业跨越式发展带来新的机遇和挑战。发展中国家和发达国家正顺应发展变革，积极优化工业发展策略，拉动技术进步和融合应用，以期在新一轮全球新工业革命浪潮中提升本国经济实力和国际地位，为全球经济的可持续发展注入新的动力。对于发展中国家而言，这是实现制造业跨越式发展的关键时期，本章研判其当下现状并前瞻分析其发展前景。对于发达国家而言，这是通过技术领先地位，巩固自身制造业优势和国际竞争力的重大机遇，本章梳理其工业发展模式并讨论其当下巩固自身全球产业竞争力的方法与路径。

第一节　发展中国家

在新工业革命的浪潮下，以墨西哥、泰国、南非等为代表的发展中国家着重加强工业布局，得益于政府出台的支持政策和工业企业的创新发展。许多国家在产业规模扩张、技术创新应用、产业结构优化、价值链跃迁、工业人才资源培养储备等方面取得了重大进展，实体经济在过去几十年中一直保持着较高水平快速增长，大幅提高了本国人民的生活品质。这些典型做法有力地推动了本国经济的复苏和发展，为发展中国家在新工业革命中赢得了更多的发展机遇和空间，同时推动了国际经济和工业布局重构，对全球工业实现协同发展具有重要意义。

一、墨西哥

墨西哥位于北美洲南部，是拉丁美洲地区的人口大国、经济大国和工业中心，工业体系较为完整，门类齐全，冶金和工业较发达，食品等轻工业、钢铁等重工业、石油及采矿业具有悠久历史。墨西哥加工和出口工业全国委员会的信息显示，墨西哥62%的贸易来自工业，解决了1/5的国内就业，涉及汽车及汽车零部件、电子产品、服装、家居用品、医疗器械、航空航天零部件等领域①。墨西哥的工业在过去几年中取得了很大的发展，这主要得益于其低成本、高效的劳动力市场和良好的投资环境。未来，墨西哥将继续加强工业方面的政策、人才和投融资环境的优化，以吸引更多的跨国公司前来投资建厂，逐步发展成为全球工业的中心之一。

（一）建立相对完整且多样化的工业体系

1. 签署自由贸易协定，加强世界贸易合作

墨西哥在推动工业体系建设过程中，积极与世界各国开展贸易合作交流。墨西哥与50多个国家建立贸易伙伴关系，被认为是世界上拥有自由贸易协定最多的国家之一。《北美自由贸易协定》（North American Free Trade Agreement，NAFTA）是墨西哥与美国、加拿大之间签署的重要贸易协定，该协定促进了墨西哥与美国、加拿大两大发达经济体之间的贸易往来，为墨西哥的工业出口提供了更广阔的市场，加强了墨西哥与北美地区的经济联系，提高了墨西哥工业和经济的稳定性。2020年7月1日，《美墨加协定》（The United States-Mexico-Canada Agreement，USMCA）生效，取代了《北美自由贸易协定》，成为墨西哥新的自由贸易政策。该协定进一步推动北美贸易市场一体化的进程，促进墨西哥与美国、加拿大之间的出口贸易，同时提高劳工的权益保障，确保美墨加三国在发展经济的同时，维护劳工基本权益。此外，墨西哥还与欧盟、中国、韩国等国家和经济体签署了多项自由贸易协定，促进工业产品进出口贸易。上述自由贸易协定的签署，为墨西哥工业的发展提供了更广阔的发展机遇。

2. 发挥自身成本优势，吸引国际工业转移

墨西哥拥有丰富的自然资源和较低的劳动力成本，这使得墨西哥在工业领域具有较大的竞争力。近年来，由于新冠疫情冲击等全球公共卫生事件，以及美国《通胀削减法案》的出台，对美国企业主导的全球产业链供应链稳

---

① 彭敏，巴润石，雨晴，等. 离全球制造业中心，墨西哥还有多远？[N]. 环球时报，2022-11-29.

定性产生了深刻影响。墨西哥得益于天然的地理和自然资源优势，吸引越来越多的汽车、电子、航空航天工业企业在墨投资建厂，以获取税收抵扣和低廉的劳动力，降低生产成本。据统计，以福特、波音等为代表的美国工业企业，着手将工业和相关配套业务转移至拉美及加勒比地区，这为接下来一段时间内，墨西哥工业的快速增长创造了极佳的政策环境。

3. 加强科技创新投入，重视工业人才培养

墨西哥在推动工业体系建设过程中，意识到科技创新和人才培养的重要性。政府和企业加大了对科技创新的投入，支持基础研究和应用研究，推动技术研发和创新。同时，墨西哥积极培养高素质人才，通过加强教育改革和发展职业培训等方式，提高劳动力素质和技能水平。为有力推动工业劳动力素质提升，墨西哥制定了职业教育和职业培训体系，形成了梯度化人才教育体系，并借助工人联合会等协会机构，分行业组织培训，为工业企业人员提供培训机会。墨西哥的支柱产业汽车工业的快速发展，离不开该国较为丰富的人才资源。据统计，墨西哥每年有 10 万名工程技术专业学生毕业，包括生产、管理、维修、工程等多种岗位，有 900 所大学开办与工程技术相关的研究生课程。2020 年年底，墨西哥政府与华为在墨公司建立人才合作机制，共同推进数字化人才培养。

4. 广泛参与国际合作，加强经贸往来和技术交流

墨西哥在推动工业体系建设过程中，积极加强国际合作与交流，通过参与国际经济合作和贸易谈判，加强与其他国家的经济联系和技术交流。值得注意的是，中墨建交 50 年来，特别是 2013 年两国建立全面战略伙伴关系以来，双边关系发展进入快车道，互利经贸合作成果丰硕。墨西哥是中国在拉美第二大贸易伙伴，中国是墨西哥全球第二大贸易伙伴，2021 年中墨双边贸易额再创历史新高，同比增长 41.9%，达 866 亿美元[1]。双方在加工制造等领域合作进展顺利，开展了广泛的经济合作与实践。

---

[1] 驻墨西哥大使祝青桥就中墨建交 50 周年接受 CGTN 美洲台采访，2022 年 2 月 14 日。

（二）前瞻性布局先进制造及积极推进数字化转型

1. 促进汽车制造、电子、医疗设备产业的高端化

墨西哥意识到汽车制造、电子制造、医疗设备等领域对其工业发展的重要性，因此将采取措施促进这些行业向高端化发展。在汽车制造领域，墨西哥的锂矿存量排名全球前十，这是电动车制造所必需的重要原材料，美国《通胀削减法案》为在墨西哥生产的新能源汽车提供了税收抵扣政策，墨西哥政府抓住电动汽车市场蓝海时期，加大技术研发投入，发展新能源汽车等高端产品，提高汽车制造的科技含量，利用地理位置和关税政策优势扩大对北美和南美市场的出口。在电子制造领域，墨西哥加强技术创新和人才培养，提高电子制造零部件的研发和生产能力，同时通过税收和财政优惠等措施，积极引入三星、LG、东芝、富士康等全球知名电子制造企业在墨西哥设立工厂，推动产业升级和转型。在医疗设备领域，墨西哥引进先进的生产技术，提高本国医疗设备的研发和生产能力，并利用丰富的生物资源和人力资源打造具有特色的产品，满足国内外市场的需求。

2. 系统出台数字战略，提高工业数字化水平

数字化技术已经成为工业发展的重要趋势。近年来，墨西哥政府十分重视数字经济发展。2018年，墨西哥组建国家数字战略协调委员会（CEDN），统筹推动落实墨西哥数字产业战略，采取系列措施提高工业的数字化水平。2019年，墨西哥先后颁布《2019—2024年国家发展计划》《2020—2024年部门经济计划》，将经济发展的重心放在推动数字经济发展上，利用数字经济发展推动生产环节数字技术应用和创新。墨西哥将引进先进的数字化技术和设备，实现生产过程的智能化、网络化和协同化。此外，墨西哥还将加强与高校和科研机构的合作，培养数字化人才，提高工业的数字化水平。通过实施以上这些措施，墨西哥的工业将更加高效、灵活和创新。

3. 结合地方资源特征，优化工业产业结构

墨西哥对国内工业分布进行合理布局，在北部和西北部地区集中力量发展航空航天、高科技产品、信息科技等产业，在南部和东南部地区，重点发展电子制造和加工产业，集中优势资源，推动产业集聚，促进产业链深度协同和转型升级。同时，墨西哥政府加大对高新技术产业、新能源产业等的投入，并支持企业加强自主创新和技术研发，提高产品质量和技术含量，推动工业向高端化发展。墨西哥鼓励企业加强品牌建设和市场营销，通过政策扶持和优惠措施，推动企业加大对环保、节能等领域的投入，提高产品知名度和市场竞争力，实现可持续发展。

二、泰国

泰国位于东盟中心位置，是东盟第二大经济体。泰国的工业在过去几十年中实现了显著的增长和发展，成为最重要的经济支柱之一，工业产值占GDP比重约为1/3，主要以现代化汽车、智能电子、食品加工、纺织、机械制造等产业为主。泰国工业的快速发展得益于其低成本、高素质的劳动力和良好的基础设施。泰国政府也采取了一系列措施，如加强知识产权保护、降低税收等，吸引更多的外国投资者前来投资。近年来，泰国高度重视数字化转型，采取了一系列政策举措促进数字经济发展，继续加强其工业的发展，以促进经济的持续增长。

（一）努力打造东南亚工业基地及全球新兴工业强国

1. 建设工业园区和自由贸易区，优化公共基础设施

目前，泰国国内有 70 余个工业园区，主要分布在泰国中部和东部地区，这些工业园区拥有完善的公共设施，因此成为外国制造商的首选目的地。泰国由工业区管理局（I-EA-T）负责推进工业园区建设，持续完善各种公用基础设施，为国内外企业提供了优质的投融资环境。同时，泰国设立自由贸

区，为自由贸易区内企业提供零税收或者税收优惠政策，泰国通过这种方式广泛吸引出口导向型制造商在自由贸易区内设立工厂，帮助泰国促进出口和增加就业机会。

2. 创造良好投资环境，吸引外商来泰投资

泰国投资环境良好，市场潜力较大，且地理位置优越，这些因素吸引大量外资来泰投资设厂。泰国主管投资工作的是泰国投资促进委员会（BOI），该机构面向高技术的新兴产业和劳动密集型的传统产业，大力吸引外来投资。为此，泰国设立了特别经济区，提供税收和财政优惠等激励措施，以吸引外国投资者。同时，泰国针对上述两类产业，采取宽松的税收政策，降低相关原材料和产品的进出口税率，加强上述两类产业在国际市场的竞争能力。

3. 推动中小企业发展，提升国家经济活力

中小企业是泰国经济发展的重要组成部分。2016 年 10 月，泰国内阁通过了中小企业第四个五年发展总体规划，推动中小企业的创新和发展，增强其市场竞争力，促进国家的经济增长。按照规划，泰国组建了泰国中小企业促进委员会等支持中小企业发展的组织机构，为中小企业提供更加便捷和高效的服务支持，帮助中小企业解决实际问题和困难；通过减免税收、提供低息贷款等措施，降低中小企业的经营成本，促进中小企业的健康发展。

（二）积极做好顶层设计，实施"工业 4.0"战略

1. 实施"工业 4.0"战略，促进产业结构升级和创新

泰国"工业 4.0"战略是泰国政府为推动经济发展而制定的一项中长期规划，旨在以创新为驱动，通过建设数字基础设施、促进数字经济发展，推动传统产业数字化转型，同时鼓励创新和科技研究，加速包括汽车制造、智能电子、食品深加工、工业机器人、生物能源与生物化工、数字经济等行业在内的十大目标产业高质量发展，促进泰国产业结构升级和国际竞争力提

升。同时，该战略提出了东部经济走廊（EEC）发展规划和南部经济走廊（SEC）发展规划，旨在打造具有国际竞争力的数字产业集群，完善数字基础设施，打造区域数字经济增长极[①]。

2. 依托东南亚国家联盟，加强跨国产业合作

近年来，泰国依托东南亚国家联盟（以下简称"东盟"），致力于引进外资助力本国经济建设，特别是对高科技、高附加值产业的投资，推动泰国产业结构升级。泰国政府为推动经济发展，先后提出了东部经济走廊发展规划和南部经济走廊发展规划，积极吸引外国投资者和合作伙伴参与其经济发展计划，并寻求在数字技术、电子商务、智能制造等领域的合作机会，共同促进东盟地区经济发展。其中，东部经济走廊发展规划旨在建设东部经济走廊，以曼谷为中心，连接泰国与老挝、柬埔寨和越南等东南亚国家，围绕新型汽车、智能电子、高端农业及生物科技、食品加工、机器人、生物材料及信息技术等十大产业，打造一个具有竞争力的物流和供应链系统。南部经济走廊发展规划旨在连接印度洋沿岸的印度、斯里兰卡、孟加拉国三个国家，完善数字基础设施，促进数字产业集聚，加强上述国家与泰国南部地区的经济一体化发展。

3. 推动数字经济发展，提振本国与周边地区经济

泰国高度重视数字经济发展，通过设立数字经济与社会部、国家数字经济和社会委员会办公室推进本国数字产业发展，带动泰国经济转型升级，并辐射带动周边国家，提升泰国在东南亚地区的经济地位。泰国以"工业4.0"战略为指引，一方面充分利用泰国良好的数字产业发展基础，引进数字技术，加大研发和人力资源投入，借助数字技术加快传统产业转型升级。另一方面，"工业4.0"战略推动了新兴数字产业的崛起，通过完善数字基础设施、发展智能制造、打造数字化供应链、培育数字产业集群等形式，深度融入全球数字价值链之中。在此背景下，2022年，泰国围绕数字政府建设工作，

---

① 王勤. 泰国数字化转型的现状与前景[J]. 创新, 2022, 16(6): 24-31.

与华为技术（泰国）有限公司签署谅解备忘录，全面推进泰国数字政府建设，旨在将泰国打造为东盟数字技术中心，进一步增强泰国在数字经济领域的竞争力与话语权。

三、南非

南非共和国（以下简称"南非"）位于非洲大陆最南端，是资源型大国，政府高度重视工业发展，南非的工业在过去几十年中经历了巨大的变革和发展，增长潜力巨大。南非的工业主要以采矿、钢铁、汽车制造、化工等行业为主，其中采矿和钢铁是南非最早发展的行业之一。南非正推动钢铁和纺织等传统工业走向现代化，并着力提高汽车、化工、医疗用品、食品等高科技产品和关键物资的生产能力，同时在绿色经济和数字经济领域培养新的增长点，增强南非工业的活力和韧性。

（一）积极发展制造业、能源矿产加工业，助力提高南非工业化程度

1. 制定支持政策和法规体系，积极推动工业发展

2020年，南非政府印发《南非经济复苏计划》，该计划以农村和乡镇经济为重点，在全国范围内加强基础设施投资，为经济增长提供基础保障，并推出补助措施扶持中小企业发展，加强公私合作，保证经济稳定有序发展。政府还制定了一揽子政策，推进国有企业改革、降低企业税、取消一些不必要的监管措施、加强知识产权保护、降低跨国贸易壁垒等多元化政策手段，全面降低制造业和能源矿产加工业的成本。此外，政府还推动技术创新和科学研究，为汽车制造、航空航天、能源等产业设立创新基金，鼓励企业和科研机构进行合作研究，推动技术创新和新产品的开发，以促进相关产业的发展。

2. 加大基础设施投资，建设交通能源与通信网络

南非政府意识到基础设施建设对于工业发展的重要性，因此加大了对基础设施建设的投资。2020年，南非政府公布《基础设施项目优先发展清单》，在交通、能源、数字基础设施建设、通信等领域，规划了总额2.3万亿兰特（约合1380亿美元）的基础设施的改善和扩建项目。在交通领域，政府加强了对公路、铁路和港口的改造和建设，以提高物流效率，降低运输成本，促进工业品的流通和出口。在能源领域，南非大力投资电力和能源产业，并积极推动太阳能和风能等可再生能源的开发和利用，减少对传统能源的依赖，为工业提供可靠的能源供应。在数字基础设施建设领域，南非投入约40亿兰特（约合27亿美元），加强在光纤网络、新一代移动通信网络方面的建设，同时新建高性能计算与数据处理中心，为国家各部门、工业等主体提供数字云服务。

3. 重视人才培养与培训，提升技术水平和就业能力

南非政府重视人力资源的培养和发展，在推进工业发展的同时加强人才队伍建设，其整体的工资水平在非洲地区处于领先水平。南非政府通过改革教育体系，加强职业教育和技能培训；通过提供奖学金和贷款等方式，鼓励年轻人进入工业领域并接受相关教育。同时，鼓励企业和职业培训机构之间的合作，开展实习计划和职业培训项目。华为自2008年起，先后在南非设立了培训中心和网络学院，累计为南非培养了2万余名数字技术和网络人才。2018年，在中非合作论坛机制框架下，中国与南非启动了中南青年科学家交流计划，推动双边开展的政府间科研人员和青年科学家交流合作，促进中南友好合作关系持续健康发展。

（二）发展电子信息等新兴产业，积极融入新工业革命进程

1. 出台阶段性引导政策，发展高附加值工业

为促进南非经济协调发展，南非政府出台《2030年国家发展规划》

(NDP),旨在推动工业,特别是高附加值工业领域的快速发展。2022 年 3 月,南非印发了《2050 年国家投资计划》(NIP2050),为南非提供长期的基础设施规划框架。该计划一方面重点推动数字基础设施的建设,优先发展战略综合项目,最大限度利用信息和通信技术,为 ICT 行业创造新的产业发展前景,夯实工业数字化转型基础,带动实体经济发展和投资。同时优先发展数字经济,成立了"第四次工业革命总统委员会",计划建立国家数字信息技术经济特区,围绕数据应用和云技术基础设施等数字经济服务领域,开展 5G 等技术创新建设,打造新形态物联网,吸引国内外企业投资发展,持续推动工业产业结构升级,支撑南非第四次工业革命。

2. 出台专项经济计划,鼓励多元化产业投资

为鼓励重点领域的产业、技术和技能的投资活动,南非贸工部发布《南非产业政策行动计划》(IPAP),这是一项综合性经济发展计划,面向制造业、能源、科技创新和基础设施建设等八个领域,通过鼓励公共采购、产业融资、创新国内新贸易发展政策、打造经济特区、鼓励技术创新等方式,协同促进南非经济的发展,应对当前数字工业革命。

3. 加速绿色能源转型,实现工业绿色化发展

为有效应对电力短缺等能源供给问题,2020 年和 2021 年,南非先后发布《低碳减排发展战略》(LEDS)和《国家自主贡献草案》(NDC),同时建立"总统气候委员会",负责制定和监督执行气候政策,拟定煤炭使用量和排放量标准,鼓励可再生能源的发展,逐步降低温室气体排放峰值,南非将于 2025 年减少 42% 的温室气体排放量,并在 2050 年实现"碳中和"。同时,南非充分发挥拥有世界第一储量的铂族金属的优势,从煤炭和天然气转向风能和太阳能等清洁能源,发展绿色氢经济,在有效遏制气候变暖的同时,助力本土工业经济发展。此外,南非政府设立南非国家绿色引导基金,资助支持私营企业变革生产经营管理模式,降低对环境的污染和资源的消耗,帮助南非迈向低碳排放、高效能源利用的绿色化工业发展道路。

四、沙特

沙特阿拉伯王国（以下简称"沙特"）位于中东地区的阿拉伯半岛，是资源型大国。沙特虽然拥有丰富的石油资源，人均GDP较高，但其经济结构相对单一，工业和服务业发展相对滞后，社会发展水平仍有较大提升空间。当前，沙特非石油经济稳步发展、态势良好，穆罕默德·本·萨勒曼所推动的产业结构多元化转型已达成阶段性成果。沙特主权财富基金正不断加大对"2030愿景"项目的投资力度，积极吸引外资，促进私营主体参与各行业发展，包括物流、旅游、清洁能源、制造业、信息技术等。

（一）夯实传统产业基础，注重人才培养与国际合作

1. 紧抓石油石化优势产业，推动制造业整体发展

沙特的油气化工产业具有绝对的优势地位。2022年，沙特制造业占GDP的比重仅为14.4%，其中，超过40%是石油精炼产业。此外，沙特的大部分产业（如轻工业等）都依赖沙特政府进行补贴，这些财政补贴实际上都来自石油经济带来的收入，本质上都是受到石油经济的带动。因此，石油经济在沙特经济中占了相当大的比例，还带动了沙特其他产业的发展，是沙特名副其实的经济支柱。

2. 重视国际人才引进，强化专业人才培养

沙特政府推出一系列新移民政策，如沙特高级居留权计划，旨在推动沙特提升其作为全球枢纽的地位。相关新移民政策主要面向医疗健康及科学研究领域、文化与体育领域的专业人士，以及有意愿在沙特创办和发展企业的企业家开放。预计该举措将有效拉动投资、创造就业机会、促进知识转移，进一步推动国家经济转型。此外，沙特将改革教育体系，使之从学术研究方向转向满足产业发展需求。目前，沙特教育部正聚焦于社区学院改造。该计划致力于提供与雇主要求相关的职业培训，减少纯理论高等教育课程的招生

人数，并与私营企业等主体建立伙伴关系，推动人才资源对接和创新成果转换。

3. 推动传统产业务实合作，完善工业基础能力

沙特开展的传统产业国际合作主要集中在油气化工领域，主要合作伙伴为中国和印度。2023 年，沙特阿拉伯国家石油公司（以下简称"沙特阿美"）成为对华投资最多的外企之一，包括在辽宁盘锦投资 837 亿元的华锦阿美精细化工及原料工程项目、对荣盛石化 10%股权的收购、沙特基础工业公司在天津投资的年产 26 万吨聚碳酸酯工厂等。2019 年，沙特收购了印度信实工业石油制化学品业务 20%的股权，并与印度公司合作在印度西海岸的雷加德建设一个日产 120 万桶的一体化炼油和石化工厂。此外，沙特在机械设备制造、汽车等领域继续深化与各国的交流合作。

（二）推动工业经济多元化转型，积极布局新兴产业

1. 启动国家工业战略，优化产业投资环境

2022 年，沙特启动《国家工业战略》。该战略计划到 2030 年，使制造业国内生产总值增加两倍，工业出口总值提高至 5570 亿沙特里亚尔，对工业的额外投资总额将增加到 1.3 万亿沙特里亚尔，到 2035 年，工厂数量将增加至 3.6 万家，其中 4000 家实现全自动生产。该战略一是注重各类非石油新兴产业的可持续发展，包括航空航天、新能源汽车、清洁能源、智能制造设备、生物医药等。二是沙特承诺将为新兴产业创造价值超过 1 万亿沙特里亚尔的投资机会。目前，沙特已经确定了 100 多项行业赋能举措，包括支持应用工业研究和创新，采用先进工业技术，出台支持中小企业和本地化的激励措施，增加出口，吸引外国直接投资，降低融资准入门槛等。

2. 聚焦电信产业发展，推出数字经济政策

沙特的数字化领域政策重点关注电信产业的发展、数字经济投资环境的提升和云技术的应用。一是推出《电信法》，发展信息通信技术部门，提高

其服务效率并发展基础设施，促进数字化转型，促进信息通信技术部门的创新、创业、研究和技术发展。二是推出"数字经济政策"，聚焦数字基础设施、数字平台、创新激励机制等建设，推动优化沙特数字投资环境，提升外部投资者对沙特数字产业前景的信心。三是推出"沙特云优先政策"，推动沙特政府、企业"上云"，利用数字化转型提高公共服务的效率，提高阿联酋公民和居民的生活质量。2022 年 5 月，沙特电信、阿里云及沙特公共投资基金在沙特首都利雅得成立沙特云计算公司。2023 年 4 月，沙特政府宣布进一步设立"云计算经济特区"以促进外部云服务企业落地。到 2030 年，沙特的云计算市场或达到百亿美元的规模。

3. 加强新兴产业国际合作，深化人工智能技术交流

沙特与包括中国、美国、英国、加拿大、德国等在内的多个国家在人工智能领域展开合作，涉及技术交流、研发项目、共同举办研讨会和会议等方面。2023 年，沙特阿卜杜拉国王科技大学、香港中文大学与深圳大数据研究院三方合作开发人工智能大语言模型。2024 年 3 月，沙特公共投资基金与硅谷风投公司等机构就未来合作达成初步共识，双方将共同设立 400 亿美元的人工智能投资基金以支持该领域的初创公司、数据中心和芯片制造商，同时美方或在利雅得设立专门办事处，更多美国机构可能会在年内成为该基金的参与者。此外，沙特的企业，如阿吉兰兄弟控股集团，与全球多家知名企业在人工智能领域进行合作，共同开发和推广人工智能解决方案。沙特还积极举办各类人工智能会展，提升人工智能在该地区的产业影响力。

五、阿联酋

阿拉伯联合酋长国（以下简称"阿联酋"）位于中东地区的阿拉伯半岛，资源丰富，地处波斯湾和阿曼湾之间，控制霍尔木兹海峡的石油运输战略通道。阿联酋人均 GDP 位列中东第三，但产业高度依赖石油和天然气。近年来，阿联酋逐渐向第二、第三产业并重的产业格局转型，已成为拥有现代化基础设施和高度国际化的全球金融、贸易和旅游中心。

（一）补齐产业要素短板，发挥传统产业优势

1. 大力开展基础设施项目投资

根据世界经济论坛 2023 年竞争力报告，阿联酋基础设施质量位居全球第四。2014 年至今，阿联酋投资超过 130 亿迪拉姆实施 258 个关键基础设施项目。未来 5 年，政府将进一步投资 90 亿迪拉姆开发 127 个项目。2023 年 10 月，阿联酋内阁批准了 2024—2026 年联邦预算，约 26 亿迪拉姆将用于基础设施建设。在通用基础设施方面，阿联酋道路质量排名全球首位；21 座机场（其中 7 座为国际机场）年客运能力将超过 5000 万人次；16 个现代化港口（其中 9 个港口具有集装箱货运码头）装卸能力达到 4000 万吨。在产业基础设施方面，阿联酋在充分发挥油气支撑作用的前提下加快推动可再生能源技术发展，光伏、光热、海水淡化等相关领域的设施建设全球领先。

2. 推出关键领域人才吸引政策

根据 2023 年全球繁荣指数报告，阿联酋在国际人才吸引力方面排名全球前列，丰富的人才资源已成为阿联酋国际产业枢纽建设的重要基础和保障。截至 2023 年 6 月，阿联酋人口总数约为 1017 万，其中，外籍人口占比接近 9 成。2021 年，阿联酋发布"吸引和留住全球人才"移民战略，提出在全球人才竞争力方面位列世界前十位的目标。在该框架下，截至 2023 年年初，阿联酋政府共发放了约 8 万份"黄金签证"以吸引投资者和高级技术人才。此外，阿联酋还发布"第四次工业革命网络"战略，提出为 500 家全国性公司提供高质量劳动力。在酋长国层面，阿布扎比酋长国推出的繁荣计划重点聚焦金融、通信、制药等领域，以 4000 万迪拉姆的奖金吸引相关领域的人才前来留学，并针对性放宽长期签证。

3. 引领石油化工产业国际合作

石油化工产业是阿联酋的国民经济支柱产业。2021 年，阿联酋石油出口收入为 662 亿美元，占 GDP 的 16.15%。2022 年第一至第三季度，阿联酋

总财政收入 1235.5 亿美元，其中石油化工行业收入占比约为 39%。阿联酋以石油输出国组织（OPEC）框架为核心、国际企业合作为辅展开国际合作，协调产油国之间的石油政策，维护国际石油市场稳定，促进国际石油产业可持续发展，并与各产油国通过组织内部的合作减少市场竞争。2019 年，意大利埃尼集团（Eni）和阿布扎比国家石油公司（ADNOC）签署协议，到 2050 年前就石化产业可持续发展达成合作。2021 年，ADNOC 向日本出光兴产株式会社出售蓝氨，用于其炼油和石化业务。2022 年，阿联酋国家石油建设公司与沙特阿美、麦克德莫特国际在拉斯海尔设立工厂，就石油化工产业相关设备制造和运输达成合作。

（二）推进新兴产业发展，促进经济结构转型

1. 推出多维度工业经济转型政策

近年来，阿联酋的工业政策重点聚焦促进经济结构多元化、生产过程绿色化、工业能力本土化。一是《迪拜工业发展战略 2030》旨在增加制造业的总产出和附加值，提高知识和创新的深度。通过人工智能、大数据、机器学习和物联网等技术推动工业和制造业的转型升级，并以资金补贴企业在机器人等智能制造领域开展研发。二是《阿联酋能源战略 2050》，旨在提高可再生能源在总能源供应中的比例，推广绿色建筑和生态友好型工业园区，鼓励采用清洁技术和可持续生产方式。三是《全国国内价值计划》和《"阿联酋制造"倡议》旨在鼓励和支持国内生产，提高本土产品的质量和竞争力，减少对进口的依赖，打造阿联酋品牌。

2. 聚焦数字化产业平稳快速发展

阿联酋数字领域政策重点关注人工智能、数字经济和数字政府。一是推出《阿联酋人工智能战略》，成立阿联酋人工智能理事会，鼓励人工智能投资研发，完善人工智能监管政策，推动人工智能在医疗、航空航天、可再生能源、交通运输等场景的应用。二是推出《阿联酋数字经济战略》，设立了

在2030年前，将数字经济对非石油国民经济总值贡献的占比提高至20%的目标。大力培养数字化人才，鼓励企业建立数字化业务，释放数字技术对经济社会的潜能。三是推出《阿联酋数字政府战略2025》，利用数字化转型提高阿联酋公共服务的效率和当地居民的生活质量，同时推动国家经济的多元化和持续增长。相关计划涵盖加强数字基础设施、提供全面的电子政务服务、保障数据安全与隐私及促进创新和技术发展等关键领域。

3. 多赛道开展新兴产业国际合作

阿联酋高度重视新兴产业领域的国际合作，该领域与石油化工产业不同，阿联酋的主要合作对象并不仅限于中东和北非地区的产油国。一是在绿色工业方面，阿联酋与联合国工业发展组织保持密切合作。2019年，阿联酋主办了联合国工业发展组织第十八届大会，会议通过了《阿布扎比宣言》，并强调了工业绿色转型在《2030年可持续发展议程》中的重要性。2022年，阿联酋表态将与欧盟就包含《欧洲绿色协议》等各绿色工业相关议程展开合作。二是在人工智能领域，阿联酋与美国合作最为密切。阿联酋人工智能公司、穆巴达拉、纽约大学阿布扎比分校等阿联酋机构和公司正在与微软、IBM等美国企业合作。2024年2月，美国OpenAI首席执行官Sam Altman会见了阿联酋主权财富基金ADQ的主席，进一步讨论投资合作。此外，阿联酋人工智能办公室与联合国开发计划署就加强人工智能领域的人才培养达成合作。三是在生物医药领域，中国公司正与阿联酋相关机构展开合作。例如，中国医药集团有限公司在阿联酋投资了多个医药项目，包括在阿布扎比的先进制造工厂；浙江华海药业股份有限公司在迪拜投资了一座活性药物成分制造工厂；江苏恒瑞医药股份有限公司在迪拜投资了抗癌药物的研发项目。此外，阿联酋积极举办相关会展，致力于成为中东和北非地区生物医药产业枢纽。目前，迪拜制药展览会（DUPHAT）已成为中东和北非地区最受认可和最重要的制药专业展会。

第二节 发达国家

以美国、德国、日本等为代表的发达国家，在新工业革命发展进程中，积极布局，取得了先发优势。通过完善的工业发展政策体系，完备的工业基础设施，丰富的技术创新资源，以及在国际商业贸易活动中的主导地位，上述发达国家实现了工业的繁荣发展，支持了本国实体经济的快速增长。发达国家在工业化方面也为发展中国家提供了许多积极的示范和参考，这对于发展中国家抓住新工业革命契机，发展实体经济具有重要意义。

一、美国

美国是世界上工业实力最强的国家之一，凭借广泛的产业基础和全球领先的创新能力，在汽车制造、航空航天、电子信息、生物技术和能源等众多领域中处于国际领先地位，孕育了波音、通用电气、福特等世界知名工业品牌，其产品在全球市场具有较强的市场竞争优势。美国的工业优势，得益于其在工业创新和产品技术方面的优势。美国利用世界顶尖的大学和研究机构，打造全球科技创新中心，涌现出谷歌、苹果、微软、甲骨文等众多知名工业企业和信息技术服务企业，在工业互联网、人工智能、大数据、云计算等前沿工业信息技术领域取得了重大突破。这些突破推动了数字技术与工业技术的深度融合应用和创新发展，也推动了美国工业乃至世界科技进步，对加速全球新工业革命产生了深远的影响。

（一）制度创新引领的新工业模式

1. 通过政府采购，促进工业技术创新和成果转化

美国联邦政府通过公共采购的方式，为新技术和新产品提供广阔的市场空间，使创新型工业企业有更大的商业机会，推动了技术的创新和产品的改进。根据《两党基础设施法》中的相关条款规定，针对信息与通信技术（ICT）

产品、服务和组件的采购，要优先采购美国附加值达到一定标准的ICT产品和服务。拜登政府通过更新联邦拨款、合作协议和研发合同中的制造要求，确保联邦资助的研发成果转化为美国制造的产品[①]。

2. 设立专职创新的机构，构建创新协作和推广机制

美国政府制定了工业推广合作伙伴计划（Manufacturing Extension Partnership，MEP），推动美国政府与私营企业合作，建立了多个推广中心和制造技术推广网络，为工业企业提供技术转让、市场推广、质量控制、咨询服务和资金等方面的援助和服务。同时，美国政府设立了工业扩展中心和技术转移办公室。工业扩展中心是由美国政府与地方机构合作设立的工业技术转移中心，提供技术援助、市场推广、质量管理等服务，旨在帮助工业企业将科研成果转化为实际产品，帮助企业解决技术难题和扩大生产规模。技术转移办公室是设立在大学和科研机构内部的办公室，提供技术支持、法律咨询和市场推广等服务，负责将科研成果转化为实际产品，并推动技术转移和商业化，帮助企业获取最新的技术成果并进行转化。

3. 构建综合教育体系，加强高素质人才培养

美国重视教育和人才培养，为工业发展培养具备科学、技术、工程和数学（STEM）背景的人才。政府采取奖学金、补助金和税收优惠等措施，支持学生选择STEM专业，并改善STEM教育体系。此外，美国鼓励企业与学校合作，提供实习机会和技能培训，帮助学生将学习成果与实际工作相结合，培养具备创新思维和技术能力的工业人才。

（二）以新兴技术群为突破口，推动未来产业发展

1. 建立连贯的工业政策体系，优先发展先进制造业

美国联邦政府先后于2012年、2018年和2022年，连续发布《先进制

[①] 刘戒骄. 美国促进先进制造技术创新的政策脉络与启示[J]. 国家治理, 2023, (6): 74-80.

造业国家战略》，旨在推动先进制造技术的发展、提高制造业创新能力，以及增加制造业在经济中的重要性。该战略面向先进材料、机器人技术、3D打印、数字化制造、可持续制造等关键领域，通过政策引导、研究资金投入和产业支持给予大力支持，提升这些技术领域的综合水平。此外，通过资金投入和政策支持，支持科学研究、工程技术和创新活动，鼓励创新研究、跨学科合作和科技成果的商业化。战略中还强调促进合作与伙伴关系，鼓励公私合作、产学研合作和国际合作，通过建立联盟、合作机制和知识共享平台，加强企业、学术界和政府之间的合作关系，加强制造业创新生态系统，共同推动制造业的发展。

2. 加大基础设施建设投资，支撑工业创新升级

美国政府为基础设施建设提供高水平的资金支持，鼓励政府和私人部门之间的合作，满足国家在基础设施维修和改进方面的需求。该法案重点支持交通基础设施、公共交通、智能交通系统、公路桥梁维修和农村交通项目。此外，美国政府还推出了一系列鼓励环保和社会可持续发展的政策，以更好地应对气候变化和环境问题。通过投资，强化交通运输、能源、通信等工业领域的基础设施，改善供给链和物流系统能力，降低运输成本和缩短运输时间。

3. 动态优化人才培育机制，应对技术人才需求变化

《先进制造业国家战略》提出注重培养高技能工人和专业人才，通过改善教育和培训体系、加强理工科教育、提供职业培训和实践机会等措施，培养具备先进制造技术和创新意识的工业人才，并为人才提供技能培训和职业发展机会，以满足先进工业对各类工作岗位的需求。政府还与高校、企业合作，提供奖学金、实习和就业机会，吸引更多人才进入工业领域。美国大学与政府在技术研发、人才教育、劳动力培训等多个领域开展深度合作，助力美国教育体系与制造业发展需求的配套协作。同时，美国大学积极与社区展开合作，扩大公共服务以增进大学与社会之间的联系，制定以社区为基础的

教育计划，培养符合工业和社会需求的高素质人才，提高工业就业机会，不断巩固美国工业技术领先地位。

二、德国

德国是世界上最重要的工业国之一，其在汽车、机械工程等领域都取得了巨大成就，工业发展成果令人瞩目。德国工业体系的优势在于高质量的制造和创新能力，在科技研发方面，德国拥有世界一流的研究机构和大学，并在工程技术、生物技术、人工智能和可再生能源等领域具有深厚的专业知识和卓越的研究实力。德国也是绿色经济的典范，在能源转型和可再生能源方面取得了显著成就，同时企业在环境技术和资源回收领域也有丰富的经验和先进的技术。此外，德国交通基础设施完善，金融服务供给保障有力，科技创新和环境可持续发展引领全球，未来，德国将继续推动工业现代化变革。

（一）以重工业为中心的工业发展模式

1. 发展智能制造，实现智能化生产，提升工业竞争力

为加速传统工业向智能制造转型，鼓励企业进行数字化转型和智能化改造，德国政府推出"工业4.0"战略，该战略强调了信息技术、物联网和自动化技术等在生产过程中的应用，为推进智能制造提供良好的政策环境和市场条件，实现工业生产方式的革命性变革。"工业4.0"战略的核心目标是将传统工业转变为智能工厂，实现高度自动化、柔性化、数字化和定制化生产。通过连接、互联和集成，将物理设备、产品和系统互联互通，实现数据的实时交换和共享，提供灵活和适应性的生产系统，满足大规模个性化生产需求。自动化和智能化生产采用机器人和自动化系统，完成繁重、危险和重复性的工作，提高生产效率和质量，为人类腾出时间从事更多创新和高附加值的工作。

2. 注重产业合作，推动企业之间的合作与创新

德国的工业集群和技术联盟为企业提供了合作和交流的平台。德国的科

研机构、大学和企业密切合作，致力于推动智能制造技术的创新和应用，在传感器技术、物联网、云计算、人工智能和机器人技术等领域取得了重要的研究成果，企业可以共享资源，互相学习和交流。此外，德国的中小企业在智能制造方面也起到了重要作用，它们通过与大型企业合作，共同推动智能制造技术的应用和发展。

3. 注重人才培养，推行"双元制"职业教育

德国亦存在高科技人才、信息技术专业人才和特定行业高素质员工短缺等问题，其"双元制"教育机制是将学校教育和企业培训相结合，国家和企业携手，教育经费的投入由两者以 2∶1 的比例共同分担，双方通过合作教育模式培养工业所需的技能人才。学生在学校学习理论知识，也要在企业接受实践技能培训，实现理论知识与实践技能相结合[①]。基于此，德国的职业教育系统培养了大量的高素质技术工人和工程师。德国的大学也开设了相关专业课程，培养了各领域的专业人才，这些专业人才为智能制造的推进提供了坚实的基础。

（二）以"工业 4.0"战略进一步提高德国高端制造业竞争力

1. 以"工业 4.0"战略为牵引制定战略举措，建立了世界领先的制造业体系

2019 年，德国政府发布"国家工业战略 2030"，提出当前最重要的突破性创新是数字化，尤其是人工智能技术的应用。首先，"国家工业战略 2030"为德国工业创造良好的政策环境，鼓励企业增加研发投资，推动科技创新，并将德国打造成全球领先的创新中心，通过提供资金等方式，促进科研机构、企业和科技创新生态系统之间的合作，加强与国际合作伙伴的交流，以保持德国在核心技术领域的优势地位。其次，"国家工业战略 2030"将数字化和

---

① 牛祥永，卢兴亮，杨林. 基于德国 IHK 标准的智能制造人才"双元制"培养实践研究——以数控技术专业切削机械师为例[J]. 机械职业教育，2023, (6): 21-24.

人工智能作为关键领域，鼓励人工智能技术的研发和应用，加强数字基础设施建设，推动在工业、物流、服务和公共部门中的数字化转型，致力于促进数字技术的应用和发展[①]。德国将鼓励企业采用清洁能源和低碳技术，推动绿色产业的发展，并加强环境保护和资源管理，促进德国工业可持续发展。

2. 推动科技创新和成果转化，应对全球化和数字化带来的新机遇

德国始终将创新作为推动经济增长和竞争力的关键因素。前期，德国政府发布《高科技战略2025》，明确了德国政府在未来几年科研与创新政策的战略框架，并提出计划到2025年，将科研创新投入占国内生产总值的比重提升至3.5%。基于该战略，德国大力鼓励科研机构和企业之间的合作，提供资金支持和税收优惠等措施，德国政府推动科技创新和技术转移，推动新技术、新产品和新服务的开发。同时，面向信息和通信技术、生物技术、材料科学、能源技术等12个重点领域，通过提供资金和支持，鼓励企业与科研机构、学术界和社会各界建立合作伙伴关系，加强知识产权保护，以此促进相关领域进行前沿科研和技术开发，培育相关领域高新技术企业。

3. 促进中小企业的发展，挖掘中小企业实体经济中的潜力

德国政府设立了德国中小企业联合会和中小企业发展银行等机构，为中小企业提供咨询、培训和融资支持，改善中小企业的融资环境。此外，德国还建立了一系列风险投资基金和私募股权市场，以吸引更多的投资进入中小企业领域。这些融资措施的实施，有助于提高中小企业的融资能力，支持其扩大规模和进行创新活动。德国政府还通过各种补贴和项目支持创新和研发活动，并为中小企业提供税收减免和贷款担保等优惠政策，帮助中小企业减轻财务压力。

三、日本

日本以高度技术创新、精益制造能力，处于世界工业领先地位。第一，

---

① 郧彦辉. 主要发达国家智能制造战略及启示[J]. 中国发展观察，2020, (21): 61-62.

日本的汽车工业成就显著，在传统燃油车、电动汽车和混合动力车等汽车领域均取得显著进展，如丰田、本田和日产等品牌凭借高品质、可靠性和先进技术在全球市场上占据重要地位。第二，日本是全球电子产品的重要生产和研发中心，在消费电子、通信设备和半导体制造等方面表现出色，如索尼、松下和东芝等品牌在全球市场上享有盛誉。第三，日本在机械行业具备全球领先的精密机械制造、制造工艺和质量管理水平，如三菱重工和住友重机械等在全球市场上具有较强竞争力。第四，日本的轨道交通、航空航天、化学工业、医疗设备等产业发展成果丰硕，技术创新和制造能力全球领先。日本将持续致力于高品质制造、技术创新和产业升级，继续在全球经济中发挥重要作用。

（一）政府主导的工业发展模式

1. 政策引导提高工业自动化水平，建立工业体系优势

为进一步降低工业生产环节对人工的依赖，推动工业体系数字化转型，日本发布《新机器人战略》及日本工业价值链参考架构，目标是到2025年，基于云计算、物联网、人工智能和大数据等技术的参考框架构建一个高度互联且灵活可扩展的工业生态系统，注重实现价值链的数字化和智能化，将不同企业、供应商和合作伙伴连接在一起，实现资源共享、信息流通和协同创新，以此提高企业的生产效率、产品质量和客户满意度，提升产业的竞争力。同时，支持机器人技术的研发和应用，增加对机器人技术研发的投资，促进日本工业的创新和竞争力提升，实现日本实体经济的发展和劳动人员福祉的提升。

2. 推广精益和持续改进思想，提高生产效率和产品质量

著名的丰田生产方式（Toyota Production System，TPS）是一种以精益思想为基础的生产管理系统，被广泛认为是精益思想的代表性实践。日本的许多公司，在生产线上采用类似 TPS 的精益工具，如持续改进、价值流程映射（Value Stream Mapping，VSM）、5S 整理法（5S Methodology）等，以

提高生产效率和质量控制。通过这些精益工具和方法，日本企业能够精确识别并消除生产过程中的浪费，实现了持续改进和高效运营。同时，日本政府通过提供培训和咨询、制定相关政策和法规等方式，积极支持企业实施精益思想。例如，政府设立了一些精益思想推广机构，提供咨询和辅导服务，帮助企业引入精益思想并进行改进。政府还鼓励企业之间的合作和相互学习，通过组织精益思想的交流会和研讨会，促进经验分享和最佳实践的传播。通过政府的支持和推动，日本企业能够更好地实施精益思想，提高运营效率和竞争力。

3. 加强人才培育和工业实训，打造日本工业"工匠精神"

日本长期重视教育，设立了一流的大学和技术学院，提供与工业相关的专业教育和培训机会，为工业领域输送了大量专业化人才。同时，日本鼓励企业和学校加强合作，推动产学研一体化发展，推动教育体系能够及时响应制造业人才需求和市场发展，动态优化教育课程体系，提高人才培养质量。同时，企业也可以借助学校的科研力量和资源，解决技术难题、提升创新能力。此外，日本还鼓励企业提供员工培训，以提升他们的专业技能和创新能力。日本的本科生培养目标以培养具备教育基础理论知识的综合型人才为主，教育技术类课程仅占很少的一部分；而研究生培养目标则以培养跨学科的研究型人才为主，从国家政策、技术研发、科研实践等各方面开展研究活动。

（二）以"社会 5.0"概念为依托，牵引新兴产业发展

1. 以"社会 5.0"概念为依托，营造活跃的工业竞争与创新环境

日本政府在《第五期科学技术基本计划》中首次提出"社会 5.0"概念，即要推进工业的高效化和智能化转型。在"社会 5.0"概念中，日本政府提出通过数字化转型，包括利用物联网（IoT）、人工智能等技术，将网络空间与现实物理空间相融合，从而摆脱劳动力短缺的影响。同时，日本鼓励企业

通过开放式创新，与各方合作，创造新的业务和商业模式。为应对数字技术应用过程中的数据安全问题，日本配套印发相关政策文件，完善数据管理相关制度规范，旨在提升数据管理能力，为工业发展提供更好的数据支持和服务，以适应未来社会的需求和挑战。

2. 加强工业数字技术协同和融合应用，促进日本工业发展升级

自 2006 年起，日本政府逐年更新《科学技术创新综合战略》。在该战略计划中，日本强调了科技创新与可持续发展的结合，旨在通过加强基础研究和技术开发，促进企业创新和商业化，推动产业升级和转型，优化科技教育和人才培养等方式，加强科技创新体系的建设，包括加强知识产权保护、建立科技创新平台、促进科技资源的共享和利用等，提高科技创新的效率和成果的转化能力，提高日本的全球竞争力和可持续发展的能力。日本政府一方面将加大对基础研究的投入，支持高水平研究机构和大学的建设，鼓励企业与高校和研究机构的合作，培养更多的科技创新人才；另一方面将推动工业新兴产业的发展，鼓励传统产业进行技术升级和转型，推动产业集群的形成和发展，提高国家的产业竞争力和可持续发展能力。

3. 夯实数据应用能力，帮助企业降本增效，提高市场竞争力

日本政府和企业积极推动工业互联网平台的建设，将物联网、大数据和人工智能等先进技术应用于生产过程，加强数据分析和预测，通过建立统一的数据平台和标准化的数据接口，实现各部门之间的数据互通和共享，利用大数据技术对生产、销售等各个环节的数据进行深入挖掘和分析，实现对生产计划的精确调整和市场需求的有效预测，提高生产过程的自动化和智能化水平。

四、英国

英国在 18 世纪经历了工业化的浪潮，具有悠久的工业发展历史，是世界上第一个工业化国家，为全球现代工业发展奠定基础。英国以先进的制造

和工程技术闻名,在汽车制造、航空航天、国防工业和高端制造业等领域取得了显著成就。英国汽车工业拥有多个知名品牌,包括宾利、捷豹、劳斯莱斯等,涵盖了豪华车、跑车、SUV和超级跑车等多个细分市场,是全球汽车制造和技术创新的重要参与者。英国在航空航天材料、复合材料、纳米技术等领域拥有领先的技术,为全球的航空和航天市场提供了一流的技术和解决方案。此外,英国在精密仪器、医疗设备、光学仪器和高端材料等高端制造领域也具有极高的市场竞争优势。

(一)传统工业与新兴金融协同的工业发展模式

1. 实施工业高价值制造战略,明确工业在国家经济发展中的战略地位

在全球经济背景下,英国政府意识到提高工业竞争力的必要性。因此,英国政府提出了"高价值制造"战略,该战略旨在提高工业在英国经济中的占比、促进创新和数字化转型、加强企业与高校和研究机构的合作及推动绿色制造和可持续发展。为了实现这些目标,英国政府采取了多项措施。首先,政府加大对工业技术创新的投入,支持数字化转型和智能制造,鼓励企业采用新技术、新工艺和新模式以提高生产效率和产品质量。其次,政府加强工业人才的培养和技能提升,通过高校和企业之间的合作提供更多的实践机会和实习项目,培养具备高素质的技能型人才。最后,政府还支持企业发展,为企业提供更多的支持和帮助,包括提供资金支持、税收优惠、简化审批流程等以降低企业的运营成本和风险,提高企业的竞争力和盈利能力。截至目前,英国的"高价值制造"战略已经实施了一段时间并取得了一定的成效。同时,该战略也促进了企业与高校和研究机构的合作,推动了绿色制造和可持续发展。未来,英国政府将继续实施该战略,以进一步提高工业的竞争力和附加值,并促进经济的持续发展。

2. 打造高效能的创新体系,推动工业技术创新和融合应用

英国政府积极推动产学研合作,促进科技成果的转化和应用,并建立了一批高技术产业园区和创新中心，鼓励企业与高校和研究机构合作，提供实习机会和培训课程，加强实践能力的培养。英国设置英国国家科研与创新署，针对政府战略目标支持技术开发，打造创新网络，推动产业界和学术界合作，加强成果转化，推动英国创新型国家建设。据统计，自2010年至今，英国已建成多个针对不同领域的弹射中心，为学术界与产业界的交流合作提供公共科研设施平台，促进科技成果的应用推广和商业化[1]。

3. 发展学徒制教育模式，强化数字技术人才队伍建设

学徒制是一种结合学校教育和工作实践的培训方式，旨在为学生提供全面的学习体验，培养他们的专业技能和理论知识。学徒制体系包括政府、雇主、行业协会和学徒培训中心等参与方，共同为学徒提供培训和支持。英国政府通过立法和财政支持推动学徒制的发展，雇主通过提供实践机会和培训内容参与学徒培训，行业协会和学徒培训中心提供培训标准和职业发展建议，协助学徒获得相关的技能和知识[2]。由此可见，英国学徒制是制造业相关主体共同参与，推动人才团队建设的协同机制。英国利用此种培养制度，培养了大量不仅具备了相关的技能和知识，还具备了实践经验和工作能力的工业人才，为英国工业的发展提供了强有力的支持。

（二）以应对未来挑战为导向，打造新工业革命跨越式发展蓝图

1. 制定数字化发展战略，利用数字技术巩固先发优势

随着数字技术兴起，世界各国纷纷推出各自的数字化发展战略，抢占未来国家竞争优势与国际比较优势的重要窗口。为高质量推动数字经济创新，释放数据潜力，促进数字经济的发展，英国政府先后发布《数字英国实施计划》和《英国数字战略》，提出打造"数字英国"的构想，着重建设世界一流的数字化基础设施，发展数字化业务，培育数据经济，持续推动英国数字

---

[1] 张友丰. 英国制造业发展经验及启示[J]. 管理现代化, 2021, 41(3): 32-35.
[2] 曹靖, 魏晓红, 章莹. 英国学位学徒制对中国职业本科教育人才培养的启示[J]. 职教通讯, 2023, (9): 5-16.

经济的发展，助力英国企业数字化转型，提升英国在全球数字经济中的竞争力。

2. 布局未来产业，通过财政资金支持牵引技术创新

英国政府构建了稳定可持续的科研投入机制，利用财政资金撬动多元投入，支持强化基础理论研究，推动技术创新和工程化应用。英国国家科研与创新署以产业战略挑战基金、全球挑战研究基金、战略重点基金、地方强化基金、未来领袖奖学金和国际合作基金等为支点，从基础研究到产业化全过程进行顶层布局和规划[①]。近年来，英国推出未来基金（Future Fund）计划，以此持续推动工业创新型企业的发展。

3. 强化技术创新基础设施建设，提高未来产业保障水平

英国长期重视基础设施建设，2020年英国发布《国家基础设施战略》（以下简称"战略"），旨在确保英国未来的基础设施能够更好地适应不断变化的经济和社会需求。战略中提出建设适应未来需求的基础设施、提高基础设施的抗风险能力、实现数字化转型、推动绿色发展等四个基础设施建设目标，并配套提出系列具体措施，助力英国经济复苏、平衡和加强联盟及2050年净零排放三大目标的实现。据统计，英国用于国家生产力投资基金增至310亿英镑，分别用于充电基础设施、5G技术和全光纤网络高速宽带等，支持交通、住房和数字领域等基础设施建设[②]。

五、韩国

韩国是全球重要的工业中心之一。工业是韩国经济增长的重要引擎，主要以汽车、电子、钢铁、造船等领域为主，其中，汽车和电子工业是最具代表性的行业之一。得益于有效的产业政策，韩国在60年内从农业国转变为

---

① 中国社会科学院工业经济研究所课题组. 世界主要经济体未来产业的战略布局[J]. 新经济导刊, 2023, (2): 73-86.
② 方晓霞, 余晓, 叶智程. 未来产业：世界主要发达国家的战略布局及对中国的启示[J]. 发展研究, 2023, 40(2): 31-38.

以高价值工业为驱动的工业大国，整体竞争力位居全球第三位，汽车、钢铁、造船、半导体、消费电子、纺织等产业均进入世界前列，内存、液晶显示器、工业机器人、LNG 船位居全球第一位[1]。韩国将持续强化尖端技术产业竞争力，做大优势产业，促进韩国实体经济发展。

（一）出口导向的工业发展模式

1. 发展重点产业，培育具有全球市场竞争力的龙头企业

韩国政府选择劳动力和技术等方面具有比较优势，聚焦高附加值和市场需求大的产业作为重点发展的支柱产业，如汽车、电子、钢铁、造船等。政府通过制定产业政策、提供财政支持和税收优惠等措施，对这些支柱产业进行重点扶持，自上而下，集全国之力，以总统和经济企划院为中心、由总统亲自负责，以进口替代、出口导向为行动统领，以"五年计划"为总框架，以财阀为实施主体，以大项目为抓手，有力促进了钢铁工业、汽车工业、船舶工业、石化工业、电子工业和纤维工业的发展。

2. 拓展全球市场布局，强化工业技术合作与贸易往来

首先，韩国积极与各国开展经济合作，参与全球经济治理体系，加入了多个自由贸易协定，如区域全面经济伙伴关系协定（RCEP），与更多国家和地区开展贸易和投资合作。其次，韩国政府大力推动对外直接投资和技术合作。韩国企业通过对外投资和技术转移，拓展海外市场和资源，加强与当地企业的合作。韩国在半导体、电子、汽车等领域拥有领先的技术和品牌，通过与全球其他国家的企业合作，进一步提升了其工业的全球竞争力。最后，韩国积极参与国际组织和技术合作框架，推动工业领域的国际标准和规则制定。韩国企业在国际标准组织（ISO）和国际电工委员会（IEC）等国际组织中具有重要影响力，通过参与制定国际标准，为其工业企业在全球市场上获得更多合作发展机会。

---

[1] 白玫. 韩国产业链供应链政策变化及其影响研究[J]. 价格理论与实践，2022, (1): 54-60.

3. 出台对外贸易政策，将出口作为实体产业发展重要引擎

韩国制定了全面的出口战略和政策，鼓励企业扩大出口。政府通过提供出口补贴、贷款、担保等财政支持，降低企业的出口成本，提高其出口竞争力。2022 年，韩国印发《增强出口竞争力战略》，通过加大政府对出口企业的融资支持力度，提供低利率的短期贸易融资担保，扩大对与半导体原材料、零部件、装备相关的中小企业的出口信用保证，以缓解当前的出口问题，提振韩国经济。与此同时，韩国加强国际营销，组织企业参加国际展览和开展国际市场营销活动，帮助企业了解市场需求和趋势，与国际客户建立联系，拓展销售渠道，提高韩国产品的知名度和竞争力。并且，韩国积极融入全球产业创新链，韩国政府通过提供资金和政策支持等方式，鼓励企业提高产品质量和技术含量，提高韩国产品的附加值和竞争力，在全球市场上获得更多的市场份额和竞争优势。

（二）韩国以"新增长 4.0 战略"为抓手，推动实现未来产业发展

1. 出台中长期发展规划，应对国内外工业形势波动

韩国经济在过去几年中面临许多挑战，包括贸易摩擦、国内消费需求不足、劳动力成本上升等。为了应对这些挑战，韩国政府采取了一系列措施，包括加强国内制造业的竞争力、提高劳动力素质、加强技术创新等。韩国政府于 2019 年提出"韩国制造业复兴计划"（以下简称"计划"），加大对制造业的投资力度，重点面向人工智能、半导体、新能源等高科技领域，在所有制造业部门推进基于人工智能的工业智能技术，以此提高韩国制造业的竞争力。计划中提出，到 2030 年，韩国将会建设两千家"人工智能工厂"。该计划从推动优化产业结构，培育新主导产业，重构产业生态和建设创新型政府战略等角度入手，制定了一系列的中长期发展规划，旨在推动韩国制造业的转型升级和智能化发展，持续提高韩国制造业的竞争力，从而推动韩国经济的发展。

2. 布局超高技术产业,推动韩国工业向高附加值升级

韩国政府以强化尖端技术产业的竞争力为目标,不断调整和更新产业政策,重点发展具有重要战略意义的先进技术。例如,韩国自 2008 年起逐步推出的"制造业强国"计划,提出要重点发展人工智能、新一代通信、高科技机器人、量子技术等先进技术,同时韩国政府还计划在系统半导体、小型模块化反应堆(SMR)、5G 开放式无线接入网络(Open RAN)、量子计算与传感器等技术领域进行研发,政府为此提供了财政支持和税收优惠等措施,希望尽快布局具有重要战略意义的超高技术产业,提升韩国的全球竞争力。

3. 打造科技产业园区,提高区域实体经济发展活力

2020 年,韩国政府推出"韩版新政",大力扶持汽车、造船、医疗、纤维、机械等十大产业园区高质量发展。同时,韩国政府为吸引外资,特设有外国人投资地区、自由贸易区、经济自由区等特殊经济区域,采取了一系列政策和措施支持多元化园区的建设和发展,对出口型制造业等外资企业提供长期优惠的土地和税收政策。基于此,韩国致力于将产业园区打造为韩国有竞争力的、低碳环保的制造业空间,在过去 50 多年中推动了韩国的工业化和经济增长,取得了一系列成效。

CHAPTER 9 第九章
中国推进制造业跨越式发展的基础和笃行实践

随着全球经济格局的深刻变革，制造业已成为世界各国竞相发展的焦点。把握新工业革命的战略机遇，推动产业结构调整与产业升级，是各国共同面临的战略任务。作为世界工业大国，中国在综合实力、科技创新、企业活力、工业基础、国际竞争力等层面，形成了良好的发展基础，逐步成为新工业革命的重要推动者、深度参与者与主要践行者，形成了制造业跨越式发展的笃行实践。

第一节　制造业跨越式发展基础进一步夯实

一、工业规模及体系"双升"，制造业综合实力大幅提升

（一）支撑制造业发展的产业体系更加完备

面对新工业革命带来的发展机遇，中国是全世界唯一拥有联合国产业分类中全部工业门类的国家，拥有 41 个工业大类、207 个工业中类、666 个工业小类。根据工业和信息化部统计数据，2012—2022 年，中国工业增加值从 3.88 万亿美元增长至 8.9 万亿美元，约增长了 1.3 倍，年均增长 7.8%，远高于同期全球工业增加值 2%的年均增长率。此外，中国工业增加值占全球的比重呈现稳定上升态势，已经从 2001 年的 18.26%跃升至 2022 年的 30%左右，工业规模大幅提升（见图 9-1）。

（二）制造业综合实力稳步增强

近年来，中国制造业增加值呈现稳定增长趋势。根据工业和信息化部统计数据，2012—2022 年，中国制造业增加值从 2.69 万亿美元增长至 4.98 万亿美元，增长了约 85%，占全球制造业增加值总额的 30%左右，连续 14 年位居全球首位。同时，中国优势产业国际竞争力不断增强。2022 年，中国电动载人汽车、锂电池、太阳能电池等"新三样"产品出口额首次突破万亿

元。造船产业市场份额连续 14 年位居世界第一，在造船完工量、新承接订单量和手持订单量这三大造船业指标上，国际市场份额首次全部超过 50%。与此同时，2012—2022 年，美国制造业增加值从 1.93 万亿美元增长至 2.83 万亿美元，增长了 46.6%。中美制造业增加值之间差距也从 2012 年的 0.76 万亿美元增长至 2022 年的 2.15 万亿美元，增幅高达 182.9%。

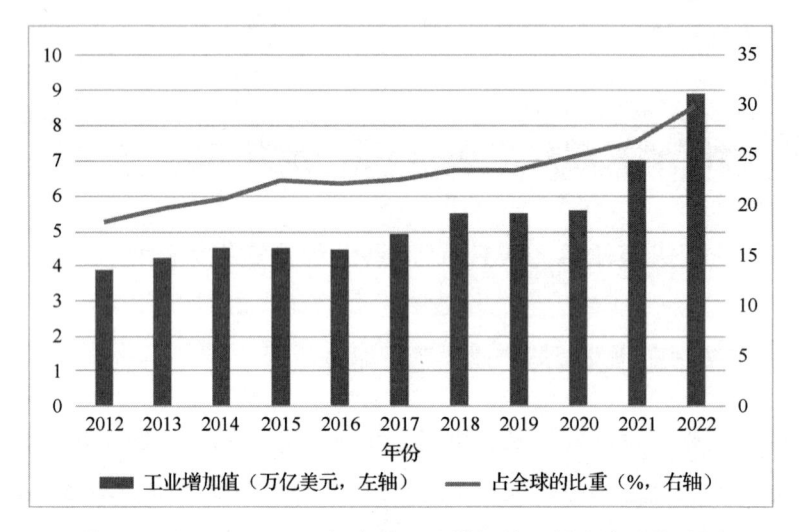

图 9-1　2012—2022 年中国工业增加值及其占全球的比重

（数据来源：世界银行、中国工业和信息化部、快易数据等，赛迪智库整理）

二、创新能力不断提升，产业结构进一步优化升级

（一）工业科技创新发展进入快车道

创新是全球新工业革命的强大动能，也是制造业跨越式发展的核心驱动力。中国正逐步从中国制造转向中国创造。一方面，工业研发投入不断增长。截至 2023 年，中国技术改造投入占工业总投资的比例基本维持在 40%以上。根据联合国教科文组织数据，中国研发强度从 2015 年的 2.05%增长至 2021 年的 2.43%，高于世界平均水平，且与美国、德国、日本等发达国家差距逐年缩小（见图 9-2）。另一方面，重点领域研究与试验发展经费投入强度也呈

现稳步增长趋势。根据《2022 年全国科技经费投入统计公报》，2022 年，中国高技术制造业经费为 6507.7 亿元，投入强度为 2.91%，高于国家整体研发投入强度的 2.54%，较 2021 年提高了 0.02%，也高于全国 0.11% 的增速。

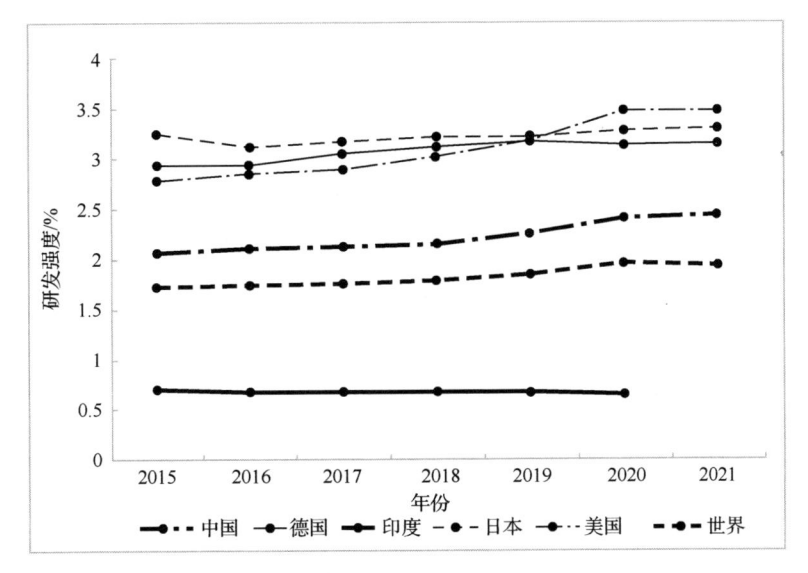

图 9-2　2015—2021 年全球主要国家及世界研发强度情况

（数据来源：联合国教科文组织，赛迪智库整理）

（二）高端化、智能化转型取得明显成效

经过多年努力，中国传统产业升级进程保持稳定。根据工业和信息化部数据，截至 2022 年年底，中国重点工业企业关键工序数控化率、数字化研发设计工具普及率分别达到了 58.6% 和 77.0%，较 2012 年大幅提高了 34.0% 和 28.2%。此外，中国高端技术制造业、装备制造业规模以上工业增加值的比重，分别从 2012 年的 9.4%、28.0% 增长至 15.5% 和 31.8%，对规模以上工业增加值增长贡献率分别为 48.6% 和 85.2%，中国产业结构优化升级已经发生了质的变化。此外，根据国际机器人联合会（IFR）数据，2022 年，全球工业机器人新增装机 55.3 万台，创历史新高；其中，中国新增装机量 29.0 万台，占全球新增装机量的比重超过 50.0%；日本工业机器人新增装机量占全

球的 9%，美国占 7%（见图 9-3）。中国高科技产品占制成品出口比值常年保持在 30%左右，而美国近年来该占比已跌破 20%。

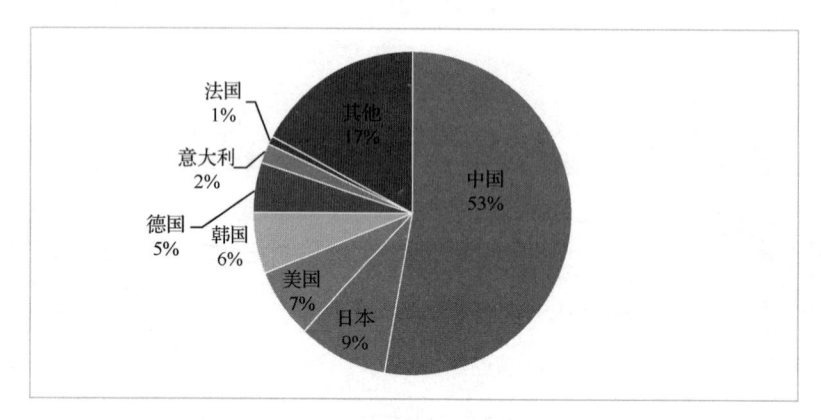

图 9-3　2022 年全球新增工业机器人装机分布情况

（数据来源：国际机器人联合会，赛迪智库整理）

三、制造业优质企业不断壮大，企业竞争力增强

（一）制造业企业活力不断强化

总体来看，中国规模以上工业企业进一步发展壮大。根据国家统计局数据，2000—2021 年，中国规模以上工业企业数量由 16.0 万个增长至 44.0 万个；资产总额由 10.9 万亿元增加至 146.7 万亿元，增幅达到 13 倍多；营业收入和利润增幅都高达 15 倍和 22.5 倍。2023 年，中国已培育超 1 万家制造业"小巨人"企业和 848 家制造业单项冠军企业。2022 年，中国有 65 家制造业企业入选世界 500 强榜单，比 2012 年增加 30 家，平均营收增长至 741.5 亿美元，增幅高达 30.2%。同期美国有 105 家制造业企业，比 2012 年减少 4 家，平均营收增长 761 亿美元，增幅仅为 13.4%。中国企业未来增长潜力趋势明显。

（二）制造业企业创新能力不断提升

中国制造业创新能力和质量效益持续突破，正处于加速追赶发达国家的进程中。一是从劳动生产率看，2021年，中国劳动生产率虽约为美国的25%，但与2012年的16%相比已有显著提升，且中国劳动生产率10年间平均增速达6.8%，显著高于同期美国增速（1.4%），呈现持续优化态势。二是从研发投入看，中国研发投入增长速率不断增加。2000年以来，中国研发投入年平均增长14.2%，约是美国的4倍。同时，中国全球创新指数排名从2012年的第34位上升至2022年的第11位，成功进入创新型国家行列，与发达国家差距逐步缩小。

四、工业基础发展迅速，支撑工业发展能力显著提高

（一）数字基础设施建设迈上新台阶

中国已经建成全球规模最大、技术领先的移动通信网络。中国海底光缆行业蓬勃发展，销售规模占全球市场份额的50%左右，并在此领域开始与美国、日本、欧洲等发达国家展开竞争。在2018—2022年全球交付的106个海缆系统中，ASN、SubCom、NEC和华海通信交付海缆数量占比分别为22%、12%、7%和23%，中国品牌占比较高。此外，截至2023年年底，中国在用数据中心超过650万标准机架，其中，2019—2023年年均增速高达30%以上，服务器规模超过2000万台，算力总规模高居世界第二，移动物联网连接数量达到了18.45亿户，超过全球移动物联网总连接数的70%，首次实现"物超人"。同时，中国5G基站建设速度加快。2023年，中国累计建成5G基站318.9万个，是2019年年底的24.5倍，为中国工业发展提供了强有力的基础支撑（见图9-4）。

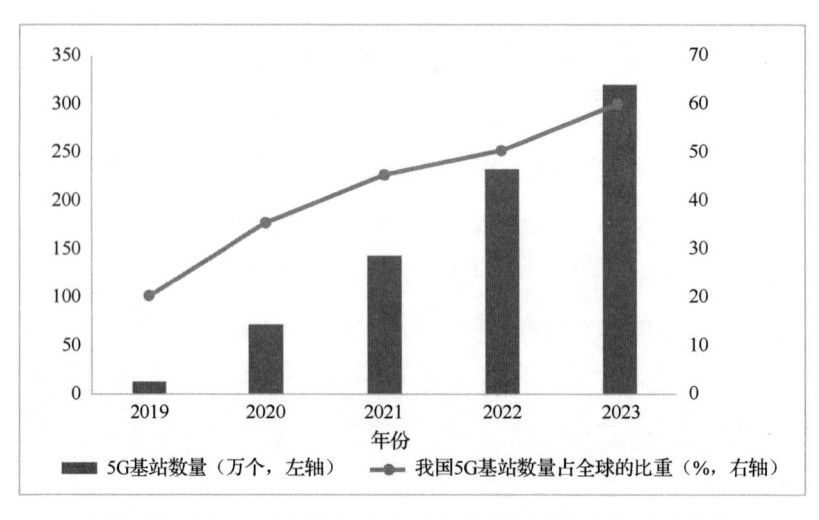

图 9-4　2019—2023 年中国 5G 基站数量及占全球的比重

（数据来源：工业和信息化部，赛迪智库整理）

（二）基础电信服务业蓬勃发展

中国基础电信业务保持稳定增长，发展速度高于世界平均水平。根据国际电信联盟（ITU）数据显示，中国互联网上网人数达 10.79 亿人，互联网普及率升至 76.4%，高于世界平均水平（67%）。中国光纤接入用户占比全球领先，2022 年，中国光纤接入用户达 5.8 亿户，占固定宽带用户的 95%，远超 OECD 国家 26.8% 的平均水平，仅次于新加坡，位居世界第二。根据 Dell'Oro Group 报告显示，中国华为公司仍然处于全球最大的电信设备市场的领先地位，市场占有率保持在 30% 左右，且在宽带接入、微波和光传输、移动核心网、无线接入网，以及 SP 路由器和交换机等细分领域处于世界第一（见图 9-5）。

五、不断深化扩大开放，产业国际竞争力不断提升

（一）进出口贸易量质提升

从货物贸易总量看，中国货物贸易进出口总额保持持续增长，全球占比

不断提升。根据海关总署数据显示，2012—2022 年，中国货物进出口总额从 24.4 万亿元跃升至 40.2 万亿元，约增长了 65%，连续 10 年位居世界第一。中国货物进出口贸易占全球的比重已经从 2012 年的 10%提高至 2022 年的 13%，在全球 500 种重要工业产品中 40%以上产量位居世界首位。从贸易结构看，中国贸易结构呈现不断优化的趋势。根据世界银行数据显示，2012—2021 年，中国高技术产品出口占制造产品出口的比重基本保持在 30%左右，稳居世界第一位（见图 9-6）。

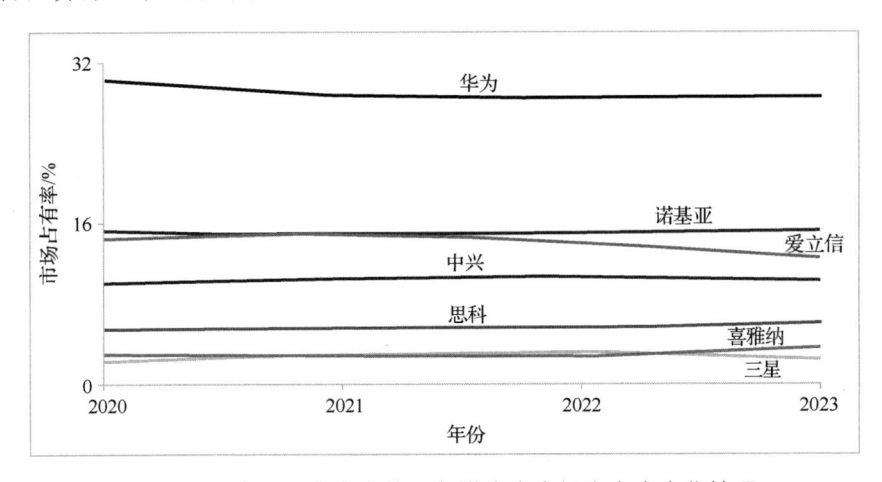

图 9-5　全球前七名电信设备供应商市场占有率变化情况

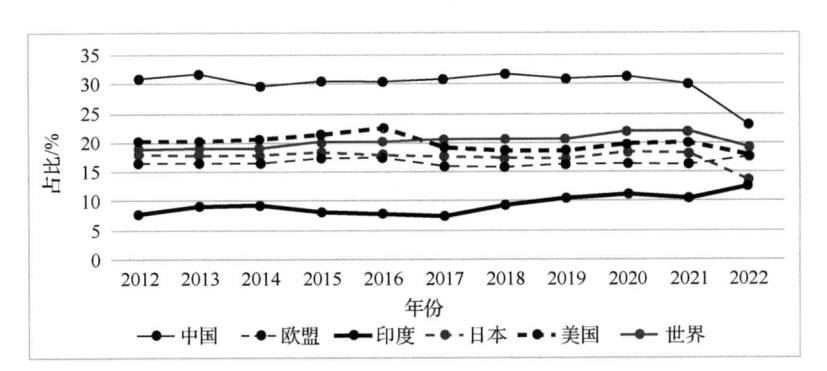

（数据来源：Dell'Oro Group，赛迪智库整理）

图 9-6　2012—2022 年全球主要国家高技术产品出口占制造产品出口的比重变化

（数据来源：世界银行，赛迪智库整理）

（二）"走出去"步伐不断加快

随着中国产业国际竞争力和综合国力不断提升，中国对外直接投资规模逐渐扩大，并借助"一带一路"倡议实现了"走出去"质的发展。一方面，根据世界银行数据显示，2001—2022年，中国对外直接投资额从97亿美元增长至1497亿美元，占全球对外直接投资额的比重从1.2%增长至7.4%（见图9-7）。另外，根据《2022年度中国对外直接投资统计公报》显示，2022年中国对外直接投资流量1631.2亿美元，连续11年位居世界前三位，连续7年占全球份额超过10%。另一方面，在"一带一路"倡议推动下，中国优势企业加快"走出去"国际化布局，投资范围覆盖全球超过80%的国家和地区。2022年，中国投资者在190个国家和地区进行了投资布局，设立境外企业4.7万家，60%企业分布在亚洲，13%在北美洲，10.2%在欧洲，7.1%在非洲，2.6%在大洋洲。

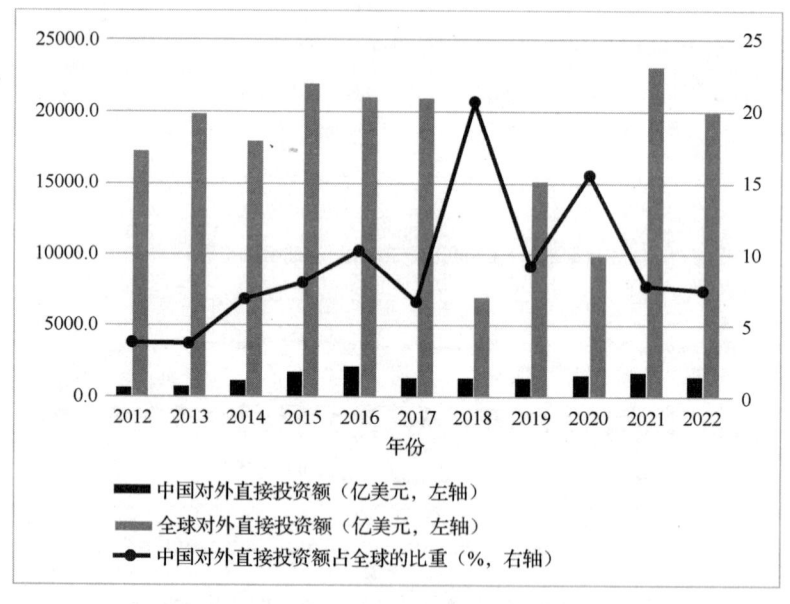

图9-7 2012—2022年中国对外直接投资额及其占全球对外直接投资额的比重

（数据来源：世界银行数据库，赛迪智库整理）

第二节　中国推进制造业跨越式发展的笃行实践

一、新型工业化是制造业跨越式发展的中国实践

（一）新型工业化顺应制造业跨越式发展的时代潮流

1. 新一轮科技革命和产业革命不断深入，新型工业化顺应全球产业结构调整方向

在以数字化、智能化、绿色化为特征的新工业革命推动下，新质生产力不断涌现，冲击原有世界经济发展格局。一方面，全球产业发展格局正在经历着深刻的调整，大数据、云计算等新一代数字技术与制造业深入融合发展，促进了全球产业链、价值链和创新链的重塑。另一方面，新型工业化顺应了全球产业发展的新方向。一是新型工业化注重创新和可持续发展，与正在兴起的全球新工业革命技术创新浪潮深度契合，新型工业化强调绿色、低碳、可持续发展，注重资源的节约和环境的保护，符合全球新发展理念。二是新型工业化推动制造业向数字化、智能化方向转型，提高生产效率，降低成本，增强竞争力。三是新型工业化注重制造业国际国内大循环，以国际大循环更好地补充国内大循环，形成产业链、供应链与价值链的协同发展体系，加强产业链、供应链的韧性和安全。

2. 大国竞争日益激烈，新型工业化是应对国际竞争的内在基础

当今世界百年未有之大变局加速演进，国际力量对比发生深刻变化，单边主义、贸易保护主义和霸权主义等逆全球化思潮涌动，世界更加动荡不安，大国之间围绕国际科技产业主导权的竞争日益激烈。一方面，西方发达国家积极推进"再工业化""制造业回流"等战略，抢占新兴产业发展主导权。美国发布《美国将主导未来产业》将未来产业作为国家战略，并通过《无尽前沿法案》提出投入 1000 亿美元发展未来产业；德国政府先后发布《保障

德国制造业的未来：关于实施"工业 4.0"战略的建议》《2030 国家工业战略》，提出在所有重要工业领域保持德国与欧洲的经济实力、技术能力、竞争力及领先地位；英国发布《产业战略：建立适应未来的英国》白皮书，为确保英国能够应对未来挑战提出要重点发展的产业；法国政府发布以实现再工业化为核心目标的"新工业法国"计划，并将之升级为"未来工业"计划，标志着"新工业法国"战略迅速转入第二阶段；日本以"社会 5.0"概念为依托，牵引未来工业发展；韩国政府计划发布 30 多个"新增长 4.0 战略"推进方案，以确保未来产业增长动力。另一方面，美国等西方国家通过加征关税、技术出口管制、限制人才交流等多种手段试图遏制我国高新技术产业发展。当前，全球竞争大于合作的态势正在形成，近年来全球制造业已形成多强并存、多区域发展、多元共治的新格局。面对全球产业结构的调整和西方国家的遏制，"我们必须加快推进新型工业化进程，实现高水平科技自立自强，保护好全球最完整的产业体系，提升产业链供应链韧性和安全水平，提高制造业在全球产业分工中的地位和竞争力，"形成全球竞争新优势。

（二）新型工业化是中国制造业跨越式发展的战略选择

1. 推进新型工业化是实现制造业高质量发展的战略选择

新型工业化全过程需遵循高质量发展的要求。与传统工业化相比，新型工业化更加强调高质量发展，而不是简单的工业规模扩大和经济结构的转变，是以高质量为突出特点的工业化发展。党的二十大提出，推进新型工业化是实现经济高质量发展的战略选择。工业是技术创新的主战场，是创新活动最活跃、创新成果最丰富、创新应用最集中、创新溢出效应最强的领域[①]。据有关部门统计，美国工业生产总值占 GDP 比重低于 20%，但 70%的创新活动直接或间接以工业领域为基础。工业是国民经济各部门的基础，同时，工业是实现"碳达峰碳中和"目标的重要领域，在满足人民美好生活需要方面发挥着重要作用。必须加快推进新型工业化，完整、准确、全面贯彻新发

---

① 金壮龙. 加快推进新型工业化[J]. 新型工业化，2023, 13(3): 1-5.

展理念，促进技术创新发展和产业结构优化升级，推动制造业高质量发展。

2. 推进新型工业化是全面推动中国制造业跨越式发展的重要支撑

以高质量为核心的新型工业化为中国制造业实现跨越式发展提供了重要支撑。一方面，新型工业化是立足中国国情的特色新型工业化道路。历史经验表明，工业大国，特别是像中国这样拥有14亿人口的大国，推进新型工业化，要在遵循世界工业化发展一般规律的基础上，立足中国基本国情，走有中国特色的新型工业化道路。中国新型工业化是坚持社会主义市场经济改革方向、坚持高水平对外开放、加快构建新发展格局的工业化，是坚持高水平科技自立自强、依靠创新驱动发展的工业化，是建设现代化产业体系、加快迈向全球价值链中高端的工业化，是坚持人与自然和谐共生、促进绿色低碳发展的工业化，是顺应新一轮科技革命和产业变革趋势、促进数字经济和实体经济深度融合的工业化[①]。另一方面，新型工业化是全面建成社会主义现代化强国的必然要求。推进新型工业化建设将助力实现制造强国、科技强国、质量强国、航天强国、网络强国和数字中国，加快建成社会主义现代化强国。

二、中国新型工业化的探索之路

（一）产业筑基：筑牢实体经济根基，实现由"规模大"到"根基牢"升级

新工业革命往往伴随着传统产业调整、带头产业更替、未来产业兴起。2022年10月，美国发布了更新版的《先进制造业国家战略》，致力于开发和实施先进制造技术，包括清洁和可持续制造、微电子和半导体制造、先进生物制造、新材料及加工技术、智能制造等5项重点技术，确保美国先进制造业的全球领导地位；2024年1月，英国发布了《先进制造业计划》，大力发展汽车、氢能、航空航天等战略性制造业。

---

① 金壮龙. 加快推进新型工业化[J]. 新型工业化, 2023, 13(3): 1-5.

中国新型工业化以制造业为抓手，促进中国工业从"规模大"向"根基牢"升级。一方面，中国工业"全""多""大"特征明显，是全世界唯一拥有联合国产业分类中全部工业门类的国家，在 500 种主要工业产品中，中国有 40%以上产品产量位居世界第一，制造业增加值占全球比重约 30%，连续 14 年位居世界首位。另一方面，中国工业日益"强起来"，高技术制造业、装备制造业增加值占规模以上工业增加值的比重不断提升。2023 年，电动载人汽车、锂电池、太阳能电池等"新三样"出口增长 41.7%，积极布局人形机器人、元宇宙、量子科技等前沿领域，关注技术迭代与研发。

（二）创新铸魂：强化产业科技创新，实现"制造"到"创造"升级

科技是第一生产力，在新工业革命的背景下，科技创新是推动制造业跨越式发展的根基。回顾世界发展历程，先后经历了"蒸汽时代""电气时代""信息化时代"和"智能化时代"，新工业革命的本质特点就是以新的技术推动工业跨越式发展。以美国为例，2014 年 12 月，美国国会通过了《振兴美国制造业与创新法案》，授权美国国会成立先进制造业国家计划办公室，并于同年，成立了美国国家制造业创新网络，截至目前已建立 17 个国家制造业创新研究所；2023 年 4 月，美国白宫科技政策办公室、能源部，国务院联合发布了《美国国家创新路径》，加快推进清洁能源关键技术创新。

中国积极推动科技自立自强，充分发挥新型举国体制，聚焦 5G 技术、量子通信、新能源新材料等新兴产业的关键核心环节开展技术攻关，推动产业创造性发展，使创新成为新型工业化第一发展动力，激活新工业革命发展活力。目前，中国产业科技创新能力显著增强，2022 年仅次于美国，中国成为世界第二大研发投入国，全球研发投入 2500 强中有 570 多家中国企业，约占总量的 25%；2022 年，工业企业发明专利申请 55.5 万件，较 2012 年增加了 37.9 万件；在 5G、载人航天、大飞机、大型邮轮、高端医疗装备等领域取得了一批重大标志性成果。

（三）数字赋能：加快数字化转型，实现由"制造"到"智造"升级

数字化技术的发展，加深了新工业革命中全球产业分工的广度和深度，推动了产业模式和企业形态的根本性变革，加快了生产范式和价值构成的演进升级。2023 年 2 月，欧盟发布了《欧洲数据战略》，提出到 2025 年，通过该战略的实施，将欧盟数字经济总量从 2018 年的 30100 亿欧元增长到 82900 亿欧元，以确保欧盟成为数字化和人工智能方面的全球领导者；2023 年 5 月、11 月，美国分别发布了《国家人工智能研发战略计划》《数据、分析和人工智能采用战略》，以促进美国人工智能和数字化转型发展。

数字化、智能化是中国新型工业化的鲜明特征、制造业转型升级的重要方向。中国以制造强国、网络强国和数字中国为战略目标，主攻数字技术创新突破和应用拓展，大力推进制造业数字化转型。目前，中国智能制造应用规模和发展水平大幅跃升，制造业智能化发展成效明显，现已建成 2100 多个高水平的数字化车间和智能工厂；重点工业企业关键工序数控化率达 58.6%，数字化研发设计工具普及率达 77%；工业互联网已全面融入 45 个国民经济大类；移动物联网规模全球排名第一，连接 18.45 亿用户，占全球总连接数的比重高达 70% 以上，率先在全球实现"物超人"；截至 2023 年 12 月，全球"灯塔工厂"共有 153 座，其中，中国有 62 座，占比接近一半。

（四）绿色转型：促进绿色低碳发展，实现由"外延"到"内涵"升级

绿色是新工业革命的生态底色。当前，绿色能源变革不断改变全球能源格局，正逐渐成为全球新工业革命的重要标志，低碳、清洁、可持续等已成为全球发展新共识。2020 年 11 月，英国正式发布"绿色工业革命"计划，以此推动在 2050 年之前实现温室气体"净零排放"的目标；2023 年 2 月，欧盟委员会正式公布了提高欧洲净零产业竞争力和加速气候中和转型的"绿色协议产业计划"，并公布了《净零工业法案》，以完善绿色技术生产的投资

环境，促进净零技术发展；同年 6 月法国发布《绿色产业法案》草案，支持法国绿色科技产业发展，使法国成为欧洲的减碳大国。

绿色发展始终贯穿于中国新型工业化的全领域、全过程，具体表现是依托绿色技术实现全产业链、全生命周期的绿色低碳化。2020 年 9 月，在第七十五届联合国大会一般性辩论上中国提出 2030 年前达到碳峰值、2060 年前实现碳中和的战略目标。目前，中国已经建立碳达峰、碳中和"1+N"政策体系，其中"1"指的是《中共中央 国务院关于完整准确全面贯彻新发展理念做好碳达峰碳中和工作的意见》《2030 年前碳达峰行动方案》等两份国家层面的战略性文件；"N"指的是在重点领域、重点行业实施的方案和行动计划。中国推动新型工业化发展，积极稳妥推动工业绿色低碳发展，深入实施工业领域碳达峰行动，全面推行绿色制造，提高工业资源综合利用效率和清洁生产水平，构建资源节约、环境友好的绿色生产体系[①]。

（五）品质革命：推动质量品牌变革，实现由"产品"到"品质"升级

质量理念、机制、实践的深刻变革是新工业革命发展的重要表现，高质量发展成为全球经济社会发展的主题。例如，德国确立了"德国品牌，质量一流"的国家形象；日本通过实施"质量救国"战略，建立了全面质量管理模式，推动日本产品高质量进入全球市场，成为世界经济强国。2022 年，美国发布了《先进制造业国家战略》，在先进技术方面更加关注智能制造、清洁能源与制造脱碳等领域，创造高质量就业机会，增强环境可持续性，加强供应链管理，促进制造业高质量发展。

高质量发展是中国新型工业化的核心内涵，推动中国产品向中国品牌转变。2023 年，中国发布了《质量强国建设纲要》，统筹推进质量强国建设擘画蓝图，为全面提高中国质量总体水平提供了指南；同时，质量强国建设作为重大战略被写入党的二十大报告，报告指出"坚持把发展经济的着力点放

---

① 金壮龙. 加快推进新型工业化[J]. 新型工业化，2023, 13(3): 1-5.

在实体经济上，推进新型工业化，加快建设制造强国、质量强国、航天强国、交通强国、网络强国、数字中国"。2024年1月，GYBrand全球品牌研究院发布2024年度《世界品牌500强》报告，该报告全面展示了世界一流企业品牌建设成就，共有来自33个国家的500个知名品牌入选，中国有73个品牌上榜，仅次于美国；同时，全球前10名品牌中，中国华为、国家电网、工商银行等3家企业入选。

三、新工业革命助力中国新兴领域发展取得成效

中国将推进新型工业化作为全面建成社会主义现代化强国的关键支撑。众所周知，推进新型工业化是一个系统的工程，积极培育战略性新兴产业，增强发展新动能。随着新工业革命蓬勃发展，中国不断加强技术攻关和成果转化，丰富完善应用场景，培育产业生态，构建了一批新兴产业增长新引擎，不断拓展工业互联网、智能制造、人工智能、5G/6G、光伏、新能源汽车、数字经济、节能环保等领域的创新应用，抢占未来国际竞争制高点。

（一）工业互联网

当前，中国工业互联网已进入规模化发展新阶段。根据工业和信息化部公布的数据，2023年，中国工业互联网核心产业规模达1.35万亿元，已融入49个国民经济大类，并覆盖全部工业大类。千兆光网的覆盖能力已经扩展到所有地级市，确保了高速网络的广泛可用性。5G技术在行业应用中也取得了显著进展，现已有超过2万个虚拟专网，跨行业、跨领域工业互联网平台数量已达到50家，连接设备近9000万台套。"一带一路"倡议为中国工业互联网国际合作提供了重要的政策支持。中国通过企业间（如阿里巴巴与德国SAP）、行业协会间（如中国工业互联网产业联盟与国际工业互联网联盟等组织）、平台间（如海尔的工业互联网平台与国际知名的工业软件企业）建立合作关系，共同推动工业互联网技术的发展和应用。除此之外，中国工业互联网行业举办了多次国际交流和培训活动，旨在加强与国际同行的

沟通和合作。例如，中国工业互联网产业联盟定期举办国际工业互联网大会，汇聚全球工业互联网领域的专家和企业代表，共同探讨工业互联网技术的发展和应用。

（二）智能制造

中国智能制造基础技术发展势头良好。根据工业和信息化部数据，2022年，中国智能制造行业市场规模达到了 5400 亿美元。智能制造装备行业规模已经超过 3.2 万亿元，市场需求满足率超过 50%。中国已建成 2500 多个数字化车间和智能工厂，工业软件产品收入突破 2400 亿元，主营业务收入达 10 亿元的系统解决方案供应商超过了 140 余家。中国政府出台了一系列政策措施，鼓励和支持智能制造领域的发展。例如，《国家智能制造标准体系建设指南》《"十四五"智能制造发展规划》等，都为智能制造领域的发展提供了重要的政策保障。现阶段，中国已与多个国家、地区、国际组织、世界先进企业和技术中心在技术、标准、人才等多方面建立了广泛的合作关系，如中德智能制造/工业 4.0 标准合作、"中日韩+X"技术合作、中日韩智能制造大会、国际智能制造联盟等[①]。中国智能制造企业正在积极开拓国际市场，通过参加国际展览、贸易洽谈等活动，推广中国智能制造产品和服务，提升中国智能制造的国际知名度和市场份额。

（三）人工智能

中国在人工智能应用范围和使用强度方面世界领先，且已进入世界人工智能第一阵营。根据工业和信息化部数据，中国在人工智能领域取得了显著进展，核心产业规模持续扩张，核心产业规模已达到 5000 亿元，企业数量已超过 4400 家。这一增长不仅展示了行业的整体繁荣，也表明了人工智能技术在各个层面的深入发展。智能芯片的研发、多样化的开发框架及通用大

---

① 杜传忠，薛宇择. 新发展机遇下搭建智能制造国际合作平台的理论机制与路径选择[J]. 社会科学，2023, (7): 110-121.

模型等技术创新成果正不断涌现，标志着中国在构建自主可控的人工智能产业生态方面迈出了坚实步伐。2022年，全球领先人工智能企业排名前10名依次为谷歌、微软、Meta、亚马逊、IBM、华为、阿里巴巴、英伟达、腾讯、三星，其中，美国有6家企业上榜，中国有3家企业上榜。此外，中国已经建立较为完善的人工智能政策支持体系，相继出台多个政策文件，如《"互联网＋"人工智能三年行动实施方案》《新一代人工智能发展规划》等，并将人工智能上升为国家战略。中国人工智能行业的国际合作规模在不断扩大。人工智能产业生态圈日益完善，国内企业和研究机构与国际领先的人工智能企业、高校和科研机构开展合作，共同推进人工智能技术的研发和应用。在深度学习、机器学习、自然语言处理和计算机视觉等领域，中国人工智能行业与国际的合作日益紧密。此外，中国人工智能行业也在不断深化产业链合作，与国际合作伙伴共同研发人工智能技术和产品，推动产业化进程。

（四）5G/6G

中国5G/6G产业表现亮眼，行业增速及技术标准均领跑全球。一是5G网络建设进入高速增长期。中国发放5G牌照正式开启商用后，5G基建正朝着5G深度商用化、6G技术研发方向发展。截至2023年年底，中国累计建成并开通5G基站284.4万个，建成全球最大5G网络，手机终端加速渗透，5G套餐用户接近6.51亿。预计到2025年，5G基站将达到800万个，实现全国范围内5G网络全覆盖。二是中国在国际舞台上的5G/6G话语权大幅提升。中国5G专利超30%，居全球首位，为中国引领5G时代发展、主导行业话语权夯实基础。当前，中国在全球5G技术标准的制定中占据了重要地位，其提出的5G相关概念和技术指标已正式被国际电信联盟（ITU）纳入5G官方定义。中国企业研发的相关技术，包括灵活系统设计、极化码、大规模天线技术和新型网络架构等，也已被认定为国际5G标准的关键组成部分。

（五）光伏

中国光伏产业规模位居世界首位，并占据极高市场份额。一是经过几十年的发展，中国在太阳能光伏行业居于全球领先位置，其光伏企业规模和实力也位居全球前列，中国多晶硅产出量约为 143 万吨，占据了全球份额的 78.8%。硅片产量高达 622GW，占世界总产量的 97.3%；电池制造方面同样领先，产量为 545GW，约占全球总量的 88.4%；而在光伏组件领域，中国的产量达到了 499GW，占全球市场份额的 82.3%。截至 2023 年，中国已连续 17 年保持光伏组件产量世界第一的位置，并为全世界超过 75% 的光伏累计装机提供组件。二是中国光伏产业链配套完善程度位居世界首位。在光伏设备制造方面，中国已形成了完整的供应链体系，从硅材料制备、硅片加工、光伏电池和模块生产，到相关的检测设备和模拟器等，都具备了全套的供应能力。在辅材辅料的生产方面，中国也基本实现了自给自足。无论是用于光伏电池、组件生产的 EVA 胶膜、背板、银铝浆料、光伏玻璃等原辅材料，国内生产已经完全能够满足行业需求，并且这些产品还开始向海外市场输出，服务于中国在海外建立的光伏制造基地。此外，随着中国企业"走出去"战略实施，不仅成品设备和技术服务走向国际市场，原材料和中间产品的国际流通也促进了中国光伏产业的全球布局和供应链的国际化进程。

（六）新能源汽车

中国新能源汽车产业发展优势明显。2023 年，中国汽车产销量突破 3000 万辆，连续 15 年成为世界第一汽车产销国，提前完成了《新能源汽车产业发展规划（2021—2035 年）》中设置的 2025 年的阶段性目标。一是出口份额逐年提升。2023 年，中国新能源汽车出口 120.3 万辆，同比增长 77.6%，同时，在全球新能源汽车产销量中占比约 2/3，国际市场份额逐年提升。二是产销链本土化发展。三是推进海外本地化生产、建立完善的海外销售体系。2023 年，广汽、长安、哪吒等车企纷纷在东南亚地区开工建设海外乘用车生产基地、新能源汽车关键零部件生产基地；2023 年 12 月，比亚迪宣布将在匈牙利塞格德市建设一个新能源汽车整车生产基地；2024年年初，长城汽车旗下电动汽车品牌欧拉好猫在泰国罗勇新能源汽车制造基地正式下线。中国新能源汽车通过境外投资设厂，为海外市场提供先进技术、先进产品，让全球更多用户享受到科技进步成果。

（七）数字经济

中国数字经济发展大国地位日益巩固，数字经济发展进入快车道，数字经济产业规模多年位居世界第二。联合国贸易和发展会议发布的《数字经济报告》指出，美国和中国在全球数字经济发展中保持领先。一是数字经济已成为拉动中国经济增长的关键引擎。据估计，中国已建成全球规模最大、技术最为领先的移动通信和光纤网络。预计到2035年，中国数字经济产业规模将与美国并驾齐驱。截至2022年9月，中国已具备覆盖超过4.5亿户家庭千兆光网的能力，累计建设并启用了222万个5G基站。此外，中国还建成了全球最大的窄带物联网（NB-IoT）网络，部署了百万级别的NB-IoT基站，基本实现县城及以上地区的连续覆盖，移动物联网的连接总数已经超过11.36亿户。国家级互联网骨干直联点数量从3个增至19个，完成固定和移动网络的互联网协议第六版（IPv6）改造。二是算力基础设施建设稳步提升。国内在用数据中心机架总规模超过590万标准机架，数据中心规模和能效水平大幅提升，算力总规模超过150EFlops，世界排名第二。三是基础设施数字化转型成为跨行业创新的关键基石。车联网技术正催生智慧物流的演进，并逐渐扩展到商业和民用市场，在交通事件提醒、道路动态信息、自动驾驶景区等方面实现场景落地应用；绿色共享出行正流行，该模式比驾驶传统燃油车在同等运输量下能减少2400吨碳排放，为绿色低碳进程提供了积极动力；智能化的农业设备，如无人机施肥和自动灌溉系统不断普及，工业互联网逐渐在制造业中扮演基础性的重要角色。四是数字技术创新能力提升。中国大数据、人工智能、云计算、区块链等新一代信息技术创新能力大幅提升，区块链专利申请数量全球占比超过84%，人工智能专利申请量占全球的50%

以上；量子通信全球领先，申请专利数量占全球的 47%。

（八）节能环保

中国产业规模扩张明显，且趋向数字化智慧化融合升级。在中国"十四五"规划中，工业节能已经从传统领域扩大到 5G、大数据中心等新兴行业的节能减排，节能环保产业领域进一步扩大。2022 年，中国节能环保产业产值迅猛增长，突破了 8 万亿元大关，年增速保持在 10%以上。这得益于信息技术、云计算、物联网和大数据等先进技术在该领域应用的深化，新技术的综合运用进一步推动了环保行业的发展。例如，智能电网、智慧水务、物联网解决方案等数字化智慧化升级的节能环保生态正在加速发展。目前，实现多领域协同融合将成为提升节能环保技术水平的重要路径，也将成为环保企业优化环保装备产品结构、提高核心竞争力的重要方式。通过数字化智慧化转型升级，中国节能环保产业整体价值将进一步提升。

CHAPTER 10 | 第十章
新工业革命浪潮下推动中国
制造业跨越式发展的建议

在全球新工业革命的背景下，推进中国制造业跨越式发展的过程，是不断完善相关制度和政策环境，使其与新工业革命发展趋势和要求相适应、相匹配的过程。制度改革和制度创新若能提前布局，将会给制造业跨越式发展创造更加宽松和优越的发展环境。在顺应时代和技术演进的浪潮中，中国需在市场化改革、文化建设、产业政策、对外开放、政府监管等几个方面重点发力，为推动制造业跨越式发展奠定良好基础。

第一节　全面深化改革，营造制造业跨越式发展有利环境

一、优化市场要素改革，促进各要素高效利用

（一）深化劳动力、资本、生产要素等市场化改革，提高资源配置效率

一是加强制造业劳动力市场体系建设，完善就业服务体系，促进劳动力有序流动。推进高质量人才队伍建设，发挥人才集聚优势，加强制造业高水平人才的引进和培养，提高高级技术工人素质和竞争力。二是加强资本市场辅助制造业发展的良性循环，提高有利于制造业发展的金融市场化机制，优化金融资源配置。推动金融创新，发展多层次资本市场，为制造业中小型企业提供多样化融资渠道。

专栏 10-1　英国的融资政策

英国作为发达的金融市场之一，其融资政策旨在支持国内外的贸易、投资和经济增长。英国的融资政策主要由政府机构和国际金融机构等提供，这些政策通常包括多种融资工具和保险服务，以降低企业和金融机构在跨境交易中的风险，并促进资本的流动。

政府投入

英国政府承诺在 2024/2025 财年投资 200 亿英镑用于研发，并着眼于

通过重点部门的优势，落实增加私人对创新公司的投资。计划到 2027 年将支持科技研发的投入增加到 GDP 的 2.4%，以促进科技创新和应用。

税收优惠

英国政府为支持科技企业发展推出了一系列税收优惠政策，如研发税收抵免等。

风险投资

英国设有专门的风险投资机构，如英国创新投资公司和英国科技基金，为创新型工业科技企业提供资金支持。这些机构利用公共资金与私人资本共同投资初创企业、成长阶段的企业和领先技术项目，以推动产业升级和创新。

私人投资

英国鼓励私人投资者对工业科技领域进行投资。英国数字银行的发展主要由金融科技公司获得银行牌照发展而来，这些公司通过私人融资支持其业务发展。

国际合作

英国通过参与国际研发合作和吸引外来投资，加强科技体系的全球联系。政府推出国际科学伙伴关系基金，用来发展更高质量的科学合作。

（二）推进科技创新体制改革，激发企业创新活力，培育新兴产业

一是完善科技成果信息发布和共享机制，制定先进技术转化应用目录，建设技术集成、熟化和工程化的中试和应用验证平台。二是全方位为企业创新赋能。促进资源下沉，开放共享国家重大科技设施和实验平台，加强对企业技术创新服务支持，增强企业转型升级的动力和活力。三是持续优化产业结构。加强新技术、新产品创新迭代，完善产业生态，提升全产业链

竞争优势。

专栏 10-2　美国 DARPA

美国国防部高级研究计划局（Defense Advanced Research Projects Agency，DARPA）是美国国防部下属的一个行政机构，负责研发用于军事用途的高新科技。DARPA 成立于 1958 年，当时的名称是"高等研究计划局"（Advanced Research Projects Agency，ARPA），1972 年 3 月改名为 DARPA，但在 1993 年 2 月改回原名 ARPA，至 1996 年 3 月再次改名为 DARPA。其总部位于弗吉尼亚州阿灵顿县。

DARPA 的基本任务是专注于"科技引领未来"，致力于开拓国防科研新领域，承担着为中、远期国家安全问题提供高技术储备的重任，深入研究和分析那些具有潜在军事价值但风险较高的新技术，并探索这些技术在军事领域应用的可能性。根据既定的科研计划目的和要求，DARPA 还负责对国防部部长批准的跨军种重大预研项目进行技术层面的管理与指导。

DARPA 的成功得益于其独特的组织和管理机制，包括独立性、扁平化、非层级式的组织架构、项目经理充分授权、外部研究者和临时项目团队、多代技术投入、资助互补的战略技术、灵活的聘用及合同权和催生新的技术团队等。

（三）优化税收政策，降低企业成本，提高企业竞争力

一是降低企业所得税税率，减轻企业负担。完善增值税制度，降低增值税税率，扩大进项税额抵扣范围。二是针对创新型企业、高新技术企业、小微企业等特定类型企业，给予税收优惠政策。鼓励企业在研发创新、技术改造、市场拓展等方面增加投入。

专栏 10-3　新加坡税收优惠政策及相关规定

新加坡实施了一系列税收优惠政策以促进投资和出口、增加就业机会，并推动研发和高新技术产品的生产。

这些政策包括针对特定产业和服务（如金融服务和海运业）、大型跨国公司、研发机构、区域总部、国际船运和出口企业等的减税、免税和资金扶持措施，在一定期限内提供支持。外资企业基本可以享受与本土企业相同的优惠待遇。

2024—2028 年，新加坡政府将推行企业创新计划（Enterprise Innovation Scheme，EIS）。该计划根据支出上限和其他条件，对在新加坡进行的与研发创新和能力发展相关的符合资格的活动和支出，给予更多的税收减免、免税额和现金转换优惠。

此外，新加坡已与约 100 个司法管辖区签订了避免双重征税协定（DTA）、有限 DTA 和信息交换安排。这些协定规定了新加坡与合作国之间对于不同类型收入的征税权和税收减免政策。新加坡的 DTA 网络涵盖了多个关键国家和地区，如中国、美国、东南亚、澳大利亚、欧洲等。只有新加坡税务居民和合作国的税务居民才能享受 DTA 带来的税收优惠。有关新加坡的合作国信息，请查询 IRAS 网站。同时，新加坡参与签署的自由贸易协定和国际投资协定等也有助于企业优化税收成本。

二、完善公平透明的营商环境，让国内外企业公平参与市场竞争

（一）营造高标准营商环境，落实公平市场竞争制度

一是深化体制改革，进一步加大对内对外开放力度，破除行业准入壁垒，加强监管的透明度，保障国内外主体在市场竞争中的公平性。二是落实产业政策公平竞争审查制度，消除地方保护主义和对市场的不当干预。三是加快建立黑名单制度，构建以信用为核心的监管机制，加强信息安全和主体

隐私保护。

专栏 10-4　CPTPP 条款中对行政审批的规定

在全面与进步跨太平洋伙伴关系协定（Comprehensive and Progressive Agreement for Trans-Pacific Partnership，CPTPP）的框架下，行政审批的规定主要涉及以下几个方面。

国民待遇

CPTPP 要求成员国在国际贸易中给予其他成员国相同的待遇，不低于给予国内企业的待遇。这意味着，在审批对外贸易和投资项目时，成员国不能给予国内企业特殊待遇，而应保持公平竞争。

最惠国待遇

成员国之间相互承诺，在任何时候对另一成员国的产品和服务提供的优惠，都要不低于对任何非成员国的产品和服务。这一规定保证了成员国之间的贸易和投资优惠措施的平等待遇。

简化海关程序

CPTPP 旨在简化跨境贸易的审批和海关程序，以减少贸易壁垒和提高效率。这包括加快货物的通关速度，减少文档要求和简化税收征收程序。

促进电子商务

协定鼓励成员国之间的电子商务，并要求简化电子商务的审批流程，保障数字贸易的便利化和安全性。

投资规则

CPTPP 包含了投资保护规则，要求成员国提供透明和稳定的投资环境，保护投资者权益，包括对投资的审批、许可和监管程序。

> **争端解决机制**
>
> CPTPP 提供了一套争端解决机制，成员国之间的争端可以通过协商、调解、仲裁或专家组和上诉机构解决。
>
> **例外和保障措施**
>
> 协定中也包含了一些例外条款，允许成员国在特定情况下采取限制措施，如国家安全、公共健康、环境和自然资源保护等。
>
> **透明度和公众参与**
>
> CPTPP 要求成员国在制定和实施影响贸易的法律和政策时保持透明，并提供公众参与的机会。
>
> 根据既往美国经验做法，CPTPP 的具体条款和规定可能会随着时间和成员国之间的协商而有所变化。

（二）加强反垄断执法，保障市场公平竞争，维护消费者利益

一是不断完善《中华人民共和国反垄断法》《中华人民共和国反不正当竞争法》等相关法律法规，明确反垄断执法的职责、权限和程序。二是发挥公平竞争法治合力，适应新工业革命中新产业数字经济和人工智能等发展需要，形成一套导向明确、规范有序的数字经济和人工智能时代治理规则体系。三是通过降低市场准入门槛、简化审批流程等措施，鼓励更多企业进入市场，以促进市场竞争。

> **专栏 10-5　上海自贸区反垄断的规定**
>
> 中国（上海）自由贸易试验区（以下简称"上海自贸区"）的反垄断规定主要包括以下两个方面。
>
> **反垄断工作机制**
>
> 上海自贸区建立了反垄断工作机制，以维护市场的公平竞争。

> **反垄断执法工作细则**
>
> 上海市工商行政管理局、上海市发展和改革委员会和上海市商务委员会于 2014 年 9 月 15 日分别公布了关于上海自贸区反垄断执法工作的三部细则，分别为：《中国（上海）自由贸易试验区反垄断协议、滥用市场支配地位和行政垄断执法工作办法》《中国（上海）自由贸易试验区反价格垄断工作办法》和《中国（上海）自由贸易试验区经营者集中反垄断审查工作办法》。上述上海自贸区反垄断执法细则已经于 2014 年 10 月 15 日正式实施生效。

第二节　加强文化引领，兼容并蓄推动制造业跨越式发展

一、制造业跨越式发展需要新工业文明、新工业文化

（一）大力倡导工匠精神，为中国制造业跨越式发展添砖加瓦

一是制定切实可行的制度，为具备敬业精神、执着追求产品创新的优秀工匠给予荣誉和物质上的双重奖励，营造出尊重工匠、崇尚技能的社会氛围。二是大力发展职业教育，深入实施学徒制，不断提升技工技艺水平。三是在新工业革命的创新浪潮中，将制造业跨越式发展和工匠精神培育结合起来，促进两者相辅相成，通过树立品质一流、精益求精的制造业发展导向和营造正向激励的竞争环境，进一步发展和壮大工匠精神。

> **专栏 10-6　德国工匠精神**
>
> 德国的工匠精神是德国人民传统文化的一部分，其核心是追求卓越、精益求精、注重质量和可持续性。
>
> **历史背景**
>
> 德国工匠精神源于中世纪的德意志地区，那时的德国是由各个城市和

地区组成的许多小国家。在这些小国家中，手工艺人的地位非常高，他们在制造业中扮演重要的角色。他们的产品质量非常高，因此德国的手工艺制品在世界市场上享有盛名。在这种文化的背景下，德国工匠精神逐渐形成，成为德国制造业的基石。

文化特征

德国工匠精神的文化特征是追求卓越和精益求精。德国工匠注重细节和精度，他们致力于将产品的每个细节都做到最好。德国工匠也注重可持续性，他们生产的产品经久耐用，对环境和资源的消耗也非常低。此外，德国工匠也注重传统和创新的结合，他们在保留传统技艺的基础上，不断创新和改进，推动制造业的发展。

现代应用

德国工匠精神在现代得到了广泛的应用。在制造业中，德国的机械制造业和汽车制造业以其高质量和技术领先而享誉世界。德国的手表、眼镜等制品也因其高精度和高品质而备受青睐。此外，在教育领域，德国工匠精神也得到了广泛的应用。德国的职业教育和实习制度十分先进，可以让学生在实践中掌握技能和知识。

德国工匠精神将继续在制造业中扮演重要角色。随着技术的不断发展，德国工匠精神将与科技相结合，推动制造业的智能化和数字化发展。同时，德国工匠精神也将在其他领域中得到应用，如医疗、环境保护等。未来，德国工匠精神将与科技相结合，推动制造业的智能化和数字化发展。德国政府和企业积极推广德国工匠精神，鼓励更多的年轻人加入制造业，培养更多的手艺人才，同时也将与国际化相结合，扩大德国制造业在全球范围内的影响力。

德国工匠精神的成功不仅来自于德国的制造业和文化传承，也与德国政府和企业的支持密不可分。政府制定了许多政策和规定，鼓励企业注重质量和可持续性，并鼓励年轻人加入制造业，培养更多的手艺人才。德国

> 企业也注重员工培训和技能提高，让员工掌握更多的技能，提高企业的生产效率和产品质量。

（二）倡导绿色发展理念，推动新工业革命走可持续发展道路

一方面，大力发展循环经济、绿色低碳产业，推动传统产业绿色改造，培育新的经济增长点。这包括新能源、节能环保、绿色建筑、绿色交通等领域的发展，以及绿色金融、绿色消费等市场的培育。另一方面，建立以绿色发展为导向的经济社会发展评价体系，将绿色发展指标纳入政府绩效考核体系，包括建立绿色 GDP 核算体系、绿色发展绩效评价体系等，激励各级政府和企业积极投身绿色发展。

（三）弘扬企业家精神，为制造业跨越式发展做出贡献

一是制定有利于企业家发展的政策，营造适合企业家成长的环境，为企业家提供正向激励导向，引导企业家履行社会责任，共同推动制造业跨越式发展。二是做好对企业家创业成长的务实服务，加大对创新型企业的支持力度，提供技术研发、人才培养、市场推广等方面的支持，帮助企业在新工业革命中取得突破。三是鼓励企业家之间的交流与合作，分享成功经验和创新理念，共同探讨新工业革命的发展方向和机遇。四是加强对企业家合法权益的保护，打击侵犯企业家权益的行为，为企业家创造一个公平、公正、透明的市场环境。

二、积极参与全球产业链供应链价值链的重构

（一）调整出口产品结构

一是通过政策引导和金融支持，引导资金投向高附加值、高技术含量的优势产业，促进产业升级。二是鼓励企业加强品牌建设，提高产品在国际市

场上的知名度和美誉度，提升产品附加值。三是通过参加国际展览、洽谈会等活动，积极开拓国际市场，提高中国产品和服务的国际竞争力。四是调整出口退税政策，鼓励企业出口高附加值、高技术含量的产品，提升中国在全球产业链中的价值地位。

（二）积极参与国际标准制定

一是积极参与国际标准化组织的活动，争取在国际标准制定中发挥更大的作用。二是加强国际标准制定的培训和人才引进，提高中国企业和专家在国际标准制定中的能力和水平。三是鼓励企业将技术创新成果转化为国际标准，提高中国技术和标准的国际竞争力。四是建立完善的国际标准认证体系，为企业提供国际标准认证服务，提高中国产品和服务的国际竞争力，推动中国技术和标准走向世界，提高中国在全球产业链中的话语权。

专栏 10-7　国际和区域标准化组织

目前，世界上三个最主要的国际标准化组织是 ISO、IEC 和 ITU，它们与 WTO 建立了良好的合作伙伴关系，对全球的经济和市场发展具有极其重要的技术推动作用。

ISO

国际标准化组织（International Organization for Standardization，ISO）是目前世界上最大、最有权威性的国际标准化专门机构。

ISO 的目的和宗旨：在全世界范围内促进标准化工作的发展，以便于国际物资交流和服务，并扩大在知识、科学、技术和经济方面的合作。

ISO 的主要活动：制定国际标准，协调世界范围的标准化工作，组织各成员国和技术委员会进行技术交流，以及与其他国际组织进行合作，共同研究有关标准化问题。

ISO 的成员：按照 ISO 章程，其成员分为团体成员和通信成员。团体成员是指最有代表性的国家标准化机构，且每一个国家只能有一个机构代表其国家参加 ISO。通信成员是指尚未建立国家标准化机构的发展中国家或地区。通信成员不参加 ISO 技术工作，但可了解 ISO 的工作进展情况。

ISO 制定的标准内容：ISO 制定的标准内容涉及广泛，从基础的紧固件、轴承等各类原材料到半成品和成品，其技术领域涉及信息技术、交通运输、农业、保健和环境等。每个工作机构都有自己的工作计划，该计划列出需要制订的标准项目（试验方法、术语、规格、性能要求等）。

IEC

国际电工委员会（International Electrotechnical Commission，IEC）成立于 1906 年，它是世界上成立最早的国际性电工标准化机构，负责有关电气工程和电子工程领域中的国际标准化工作。总部设在瑞士日内瓦。

IEC 的宗旨：促进电气、电子工程领域中标准化及有关问题的国际合作，增进相互了解。

IEC 的工作领域：目前，IEC 的工作领域已由单纯研究电气设备、电机的名词术语和功率等问题扩展到电子、电力、微电子及其应用、通信、视听、机器人、信息技术、新型医疗器械和核仪表等电工技术的各个方面。IEC 标准已涉及了世界市场中 35% 的产品。

我国分别于 1978 年、1957 年加入 ISO 和 IEC，中国参加 ISO 和 IEC 的国家机构是国家标准化管理委员会。ISO 和 IEC 作为一个整体担负着制订全球协商一致的国际标准的任务，ISO 和 IEC 都是非政府机构，它们制订的标准实质上是自愿性的，这就意味着这些标准必须是优秀的标准，它们会给工业和服务业带来收益，所以他们自觉使用这些标准。ISO 和 IEC 不是联合国机构，但它们与联合国的许多专门机构保持技术联络关系。

ITU

国际电信联盟（International Telecommunication Union，ITU）成立于

1865年5月17日，是由法、德、俄等20个国家在巴黎会议上为了顺利实现国际电报通信而成立的国际组织。国际电信联盟是联合国专门机构之一，主管信息通信技术事务，由无线电通信、标准化和发展三大核心部门组成，其成员包括191个成员国和700多个部门成员及部门准成员。总部设在瑞士日内瓦。

ITU的宗旨：维护并发展成员国之间的合作，以改进、合理使用各种电信技术；促进并向发展中国家提供电信领域的技术援助；促进技术设施开发及其有效运行，以提高电信服务的效率；促进新的电信技术的发展，使世界人民受益；提倡利用电信服务，以便建立和睦的关系。

ITU的工作部门：ITU的实质性工作由三大部门承担：电信标准化部、无线电通信部和电信发展部。其中，电信标准化部由原来的国际电报电话咨询委员会（CCIR）和标准化工作部门合并而成。

第三节 推进产业政策调整，高质量对接制造业跨越式发展诉求

一、制定制造业跨越式发展战略，为产业政策调整提供指导

（一）深入研究新工业革命的发展趋势，为制定发展战略提供依据

一是关注全球新工业革命的发展新动态，了解各国在新技术、新业态和新模式方面的创新成果和实践经验。二是深入研究新技术（如人工智能、大数据、云计算、物联网等），探究新技术对产业发展的影响，分析其对产业结构、生产方式和竞争格局的改变。三是研究新业态（如智能制造、绿色经济等），剖析新业态对产业发展的影响，分析其对产业组织、市场结构和消费需求的改变。四是研究新模式（如跨界融合、服务化转型等）对产业发展的影响，分析其对产业链条、企业竞争和产业生态的改变。

（二）根据新工业革命的发展特点和国家战略目标，明确产业发展的目标和重点领域

一是根据新工业革命的发展趋势和国家战略目标，选择具有战略性、前瞻性和带动性的新兴产业与传统产业转型升级领域作为重点发展领域。二是分阶段制定产业发展目标，确保产业发展与国家战略目标相一致。例如，长期目标可以着眼于实现产业全球领导地位、构建产业创新体系，进而实现制造业跨越式发展，提升国家综合实力。

（三）综合考虑多方面影响因素，针对制造业跨越式发展的重点产业精准施策

一是产业政策的制定需根植于广泛的基础调研工作，特别是要聚焦于新工业革命的薄弱领域和关键技术环节，确保政策制定的精准性和有效性。二是产业政策需考虑系统性影响，将产业政策放在开放宏观经济大框架中考虑，保障国家整体政策的统一性和一致性。三是产业政策需保持连贯性，特别是在支持新工业革命的高精尖技术领域方面，对于发展周期长、技术难度高的领域，需建立持续性扶持与投入，避免政策出现断崖式变化，维护产业发展的连续性和稳定性。

专栏 10-8　美国以数字化推进工业化发展的实践经验

美国以数字化推进工业化发展的经验在于通过强化"再工业化"和数字化转型战略布局、健全法律体系、加强重点领域标准体系建设、加快数字化转型创新载体建设等路径，充分发挥数字技术创新引领优势，发展先进制造业，保持世界领先地位。

强化"再工业化"和数字化转型战略布局

美国稳步推进"再工业化"进程，强化数字技术创新应用，加快推进数字技术与制造业融合发展。2012 年，美国出台了《先进制造业国家战

略计划》，后在 2013 年和 2016 年陆续出台《美国制造业创新网络计划》《国家制造业创新网络计划年度报告》《战略规划》，强调将信息与通信技术和制造业的基础与创新优势转化为美国本土制造能力和产品。2018 年，美国发布《先进制造业美国领导力战略》，提出抓住智能制造系统未来、保持电子设计和制造领域领导地位、吸引和发展未来制造业劳动力等战略计划。2022 年 5 月，美国发布《2022 制造业网络安全路线图》，提出美国制造业网络安全发展的广泛愿景和具体路线。2022 年 10 月，美国发布《先进制造业国家战略》，提出低成本改造生产过程、优化解决方案供给、打造数字化供应链、促进区域协同发展四大重点任务，旨在确保美国先进制造业的全球领导地位。

健全法律体系推动制造业数字化转型

2014 年，美国国会通过《振兴美国制造业和创新法》，要求建立制造创新计划，巩固创新和技术的领导地位。2021 年，《两党基础设施投资和就业法案》提出系列基础设施建设计划，通过加大政府投入，推动相关智能制造产业链向北美转移。2022 年，《通胀削减法案》通过提供相应的资源和激励措施，促进先进制造业回流。同年签署的《芯片与科学法案》，明确投资半导体基础设施和前沿科技研发，对促进芯片创新能力和加强先进制造业供应链起关键作用。

加强重点领域标准体系建设

一是数字技术标准引领国际。美国在重要国际标准制定中参与度极高，推动形成了一系列以美国为核心的行业标准。例如，在物联网领域，美国 EPCglobal 标准在国际上取得主导地位。电气与电子工程师协会（IEEE）标准委员会成员中 67%是美国人；56%的国际互联网工程任务组（IETF）工作组主席来自美国，在标准制定中话语权很大。二是智能制造标准体系持续完善。美国依托工业互联网联盟（IIC）、国家标准与技术研究院（NIST）等机构，在智能制造国际标准化活动中积极开展相关工作，标准体系涵盖全面，且持续优化迭代。2016年2月，NIST发布《智能制造系统现行标准体系》报告，从三个维度总结了未来智能制造系统的标准体系，即开启生命周期维度、生产系统周期维度和商业周期维度，为推行智能制造提供了重要支撑。

加快数字化转型创新载体建设

在推进先进制造业、数字化转型方面，美国设立了国家制造业创新中心（以下简称"创新中心"），以政府引导、企业主导、学校和科研机构协同方式，统筹各类创新资源，构建产学研政一体化创新体系。创新中心打通先进制造业从基础研究到应用研究，以及生产推广的链条，推动先进创新技术向规模化制造生产能力转化。目前，已建成数字制造与设计、下一代电力电子制造、智能制造、先进机器人制造、先进纤维与纺织品制造等14个制造业创新中心。

加大产业发展资金支持

近年来，美国不断加强多元化财政支持力度，加快先进制造业发展。一是财政资金直接支持。例如，美国总统拜登签署行政命令，为美国半导体研发及制造等提供527亿美元支持。二是重点项目资金支持。例如，美国国家标准与技术研究院于2022年发布"先进制造技术路线图计划"，首轮向国内4个项目资助120万美元，用于支持美国跨行业制造技术路线图研究与制定。三是信贷资金支持。例如，国际金融危机期间，美国设立汽车产业资助计划（AIFP），投入超800亿美元。四是税收减免政策。例如，美国税法规定，对高新技术相关的研究或实验支出可直接作为费用扣除，不必作为计提折旧的资本支出。

加强数字化工业人才教育储备

美国高度重视先进制造业人才教育体系改革，为制造业吸纳更多创新人才。一是加强以制造业数字化转型为重点的STEM教育。提高STEM教育优先级，加强中小学和高中阶段教育，鼓励企业参与STEM教育。例如，亚马逊资助 50 个州和哥伦比亚特区 1000 多所高中的计算机科学课程。《2022 年美国科学与工程状况》报告指出，美国 STEM 从业人员超 3600 万，占美国劳动力总数的 23%左右。二是实施数字化转型前沿技术领域人才培养计划。围绕人工智能、先进制造、量子信息等前沿领域，系统性部署人才培养。例如，通过长期支持开展跨国研究合作、出台奖学金和奖励计划、资助各种人工智能研发机构等方式，全方位加强人工智能人才储备。2022 年 10 月，美国国家科学基金会投资 3000 万美元，开展新兴技术领域劳动力发展计划，旨在提供更多新兴和新技术领域人才实践学习机会。

二、建立产业政策评估机制，及时调整优化政策措施

（一）根据产业政策的目标和任务，制定科学、合理的评估指标体系

一是明确产业政策评估目的，如提高产业竞争力、促进产业结构优化升级、实现可持续发展等。二是根据评估目标和原则，选择合适的评估方法，如定性分析、定量分析或两者结合。三是根据产业政策的内容和目标，设计具体、可量化的评估指标，如产值、利润、就业人数、技术创新能力等。四是将评估指标纳入一个统一的评估模型，以便对产业政策的实施效果进行综合评价。

（二）按照一定的周期，对产业政策的实施效果进行全面、系统的评估，形成评估报告

一是根据产业政策的特点和目标，确定合适的评估周期。二是通过政府部门、企业、行业协会等渠道，收集产业政策实施过程中的相关数据和信息。三是对收集到的数据和信息进行分析，评估产业政策实施的效果，找出存在的问题和不足。四是根据评估结果，撰写产业政策评估报告，报告应包括评估目的、方法、过程、结果和建议等内容。

（三）根据评估结果，对产业政策中存在的问题和不足进行及时调整和优化，提高政策的针对性和有效性

一是对评估报告进行深入分析，找出产业政策实施过程中存在的问题和不足。二是根据评估结果和会议讨论，制定产业政策调整方案，明确调整目标、任务和措施。三是建立政策调整的监督机制，确保调整方案的有效实施。四是鼓励企业、行业协会等向政府提供政策调整过程中的问题和建议，为政策优化提供参考。

专栏 10-9　产业政策评估机制经验借鉴

2017年11月27日，英国商业、能源和工业战略部（Department for Business, Energy&Industrial Strategy, BEIS）发布白皮书——《产业战略：建设适应未来的英国》。该产业战略明确提出英国未来实现经济转型发展的五大基础及关键政策，列举了未来经济转型面临的四大挑战，同时提出了相应的政策措施，以抓住技术变革的机遇，促进经济发展。英国经济转型面临的重大挑战包括四个方面。

发展人工智能及数据驱动型经济

人工智能和机器学习已经开始成为改变全球经济的通用技术，改变了多个行业的运营模式，例如，帮助医生更有效地进行诊断，使用语音识别系统和翻译软件进行沟通等。

英国普及人工智能将创造数以千计的就业机会，并推动经济增长。最近的一项研究发现，包括人工智能在内的数字技术每年创造8万个新职位。据估计，到2030年，人工智能将为英国经济带来2320亿英镑的经济产值。

英国确立了四大优先方针以应对这一重大挑战：一是使英国成为全球人工智能和数据驱动型创新中心；二是支持各部门通过人工智能和数据分析技术促进生产力发展；三是引领全球合理使用数据和人工智能，给公民

和企业带来信心,并保证信息透明度;四是帮助公民掌握未来工作所需技能。

实现向"清洁增长"转化的变革

通过开发低碳技术和资源的有效利用,实现更清洁的经济增长是我们这个时代最大的产业机遇之一。据估计,英国清洁经济可能会以 GDP 的 4 倍速度增长。在我们迈向低碳、高资源利用效率发展的过程中,将会创造出全新的产业,现有的产业将会转型。

该战略将采取行动,确立和扩大英国在以下领域的领先地位。一是发展智能化管理系统,为电力、供暖和运输领域提供廉价、清洁的能源;二是革新建筑技术,大幅提高能源利用效率;三是保证英国能源密集型产业在清洁经济中具有竞争力;四是使英国位居全球高效农业的前列;五是使英国成为清洁增长全球标准的制定者。

构建未来交通运输技术

英国将在公路车辆的电气化和自动化、铁路服务现代化、自主航空和海上运输的开发方面投入大量资金。新的市场和新的商业模式(如快车服务)正在挑战人类出行的传统观念。新技术将改变公共交通运输的面貌。通过自动化车辆对道路的密集性利用,英国的公路和铁路网络可以大幅减少碳排放和其他污染,交通拥堵状况得以缓解。要确立和扩大英国在以下领域的领先地位:一是建立灵活的监管框架,鼓励新运输模式和新商业模式的发展;二是抓住机遇,应对从碳氢化合物向零排放转化的挑战;三是为未来交通运输形态做好准备,包括自动驾驶、共享出行等;四是寻求如何利用数据加速新型交通运输模式的发展,并使交通运输系统更有效地运行。

积极应对老龄化社会

英国人口正在向老龄化转变,其他工业化国家也是如此。人口老龄化将催生对技术、产品和服务的新需求。例如，新护理技术、新居住方式、为退休准备的新型储蓄产品等。与年龄相关的产品和服务创新将对英国的生产率和个人福祉产生重大影响，并将实现全球市场的日益增长。老龄化也给经济带来重大挑战，如保健和社会护理成本的增加。如果不采取行动，人口老龄化将导致英国劳动力规模和生产率下降。

该战略将采取行动，确立和扩大英国在以下领域的领先地位。一是为不断增长的老龄人口提供产品和服务，在满足社会需求的同时抓住商业机遇；二是支持各行业适应老龄化的劳动力市场；三是英国利用医疗数据提升医疗水平，提高英国在生命科学领域的国际领导力；四是帮助护理行业适应需求变化，充分运用新兴技术支持护理行业发展新的商业模式。

第四节　加快制度型开放，促进制造业跨越式发展

一、持续扩大开放范围，制定多元化国际战略

（一）完善对外开放平台，打造国内国际双循环

一是整合全球资源与要素，创造比较优势，加强国际合作。打造开放层次更高、营商环境更优、辐射作用更强的内陆地区开放新高地，推动内陆开放型经济的发展。二是加快重点开发开放试验区建设，完善口岸基础设施建设。通过深化自由贸易试验区改革，赋予自由贸易试验区更大的自主权。例如，推进上海、广东、北京、天津等21个自由贸易试验区与海南自由贸易港建设发展，加速形成新型国际循环。

（二）提高服务外商水平，吸引外商投资

一是提高外商投资企业投资运营便利化水平，优化外商投资企业外籍员工停居留政策，完善健全数据出境安全评估机制，统筹优化涉外商投资企业

执法检查，完善外商投资企业服务保障。深入实施外资准入负面清单，落实好外资企业国民待遇。二是营造构建一流营商环境，充分发挥中国超大规模市场优势，积极吸引和有效利用外商投资。三是深化通关便利化改革，加快构建高效便捷的国际物流体系，降低外贸成本，提升贸易效率，进一步促进对外贸易健康发展。

专栏 10-10　英国优化营商环境的举措

英国的营商环境具有市场准入门槛低、立法与制度完善、国际化水平高的特点，多年来英国政府在营造良好营商环境、保护和吸引境外直接投资方面做出了诸多努力。

在制度方面，英国政府近 20 年来在完善法规和机构改革方面都在紧随市场的变化和需求。在布莱尔政府时期，负责国际投资和贸易的英国贸易投资署（UKTI）仅是英国贸易和工业部（DTI）的一部分，而如今负责该项职能的英国国际贸易部（DIT）是一个独立的中央政府部门。这一调整可以确保英国实现国际贸易投资规则的统一规划、统一发力和统一协调，减少多部门互相推诿的情形，为企业提供相对确定和透明的制度环境和畅通有效的诉求反映渠道。

在人才方面，英国政府推出"全球创业者计划"（Global Entrepreneur Programme，GEP），该计划主要帮助海外企业将其总部转移至英国发展。通过为海外创新技术创始人提供包括专家指导、落地协助和引介投资网络等一系列服务，GEP 为新兴高新技术企业在英国的发展铺平道路。

在税收方面，为小微企业提供税务补贴和激励机制。英国政府通过企业投资计划（Enterprise Investment Trust，EIT）和风险投资信托（Venture Capital Trusts，VCT）为在英国进行贸易和投资的小微企业提供税款减免。

（三）鼓励跨境电商发展，完善跨境电商结构

一是畅通跨境电商进出口渠道。推动建立跨境电商与企业、产业、产业带之间的紧密关系，带领中国企业"走出去"。积极发展"跨境电商+产业带""跨境电商+产业集群"模式，以跨境电商带动企业出口与产业集群产品出口。二是创新监管模式。对于跨境电商各种形式的通关，有针对性地打造个性化监管模式。三是以数字技术推动跨境电商产业链发展。不断推动各项创新技术应用，如跨境支付、平台技术、数字营销、智慧物流等，联通买方和卖方，实现买卖双方需求精准化匹配。

二、以高水平对外开放为制造业跨越式发展提供基础和条件

（一）加强双/多边合作，打造命运共同体

一是拓展与政府间机制、国际组织的相关倡议、计划和项目之间的合作，创新国际合作方式。二是继续强化和创新国家间企业、智库、高校、行业协会及非政府组织等单位之间的人文交流形式，加大技术人才交流，推动国际双/多边合作中孕育的"软实力"不断壮大。三是积极参与全球经济治理改革，支持以世界贸易组织为核心的多边贸易体制，推动国际贸易和投资自由化、便利化，维护全球产业链和供应链稳定畅通。同时，倡导公平竞争，反对贸易保护主义，促进全球经济治理体系向更加公正合理的方向发展。

专栏 10-11　多边组织——金砖国家

BRICS 是由巴西、俄罗斯、印度、中国四国英文名称首字母组成的缩写词。因"BRICs"拼写和发音同英文单词"砖"（bricks）相近，中国媒体和学者将其译为金砖国家。2011 年，南非正式加入金砖国家，英文名称定为 BRICS。

2006 年，金砖国家外长举行首次会晤，开启金砖国家合作序幕。2009

年 6 月，金砖国家领导人在俄罗斯叶卡捷琳堡举行首次会晤。2011 年 11 月，金砖国家领导人在法国戛纳二十国集团峰会前夕举行首次非正式会晤。金砖国家领导人迄今共进行了 15 次会晤和 9 次非正式会晤。2023 年 8 月，金砖国家领导人第 15 次会晤在南非约翰内斯堡举行，做出金砖扩员的决定。2024 年 1 月 1 日，沙特阿拉伯、埃及、阿联酋、伊朗、埃塞俄比亚成为金砖国家正式成员。

自金砖国家合作机制成立以来，合作基础日益夯实，合作领域逐渐拓展，已形成以领导人会晤为引领，以安全事务高级代表会议、外长会晤等部长级会议为支撑，在经贸、科技、农业、文化、教育、卫生、智库、友城等数十个领域开展务实合作的多层次架构，成为促进世界经济增长、完善全球治理、推动国际关系民主化的建设性力量。

（二）拓展多层次合作，创新国际合作领域

一是在贸易、投资、绿色和可持续发展、创新及先进制造等基础领域开展多层次合作，并逐步拓展至物联网、人工智能、新材料、数字经济、新能源等新兴产业。此外，不断提升重点领域的合作层次与水平，形成互补性强、联动效应显著的合作关系。二是在科技创新合作方面，鼓励企业、科研机构和科技园区之间的技术交流与合作，支持科技创新投资和跨境投资，加强在多边框架下推动联合研发项目。三是在数字经济发展方面，深化与伙伴国家的合作关系，共同推进新型数字基础设施建设，促进数字技术与实体经济的深度融合发展。积极探讨并共同制定反映各方利益的数字治理国际规则，为数字经济健康、可持续发展提供有力保障。

（三）积极加入区域化 FTA，开拓多元化国际市场

一是积极对接国际高标准市场规则体系，加强对外商投资权益的保护，完善外商投资投诉工作机制。二是进一步强化高水平开放的法治保障，加强

制度型建设，深入推进外商投资国家安全审查、反垄断审查、国家技术安全清单管理、不可靠实体清单等制度的贯彻落实。三是积极参与全球经济治理体系的改革，坚决维护和践行多边主义，构建公平合理、合作共赢的国际环境。通过借力 RCEP、CPTPP、DEPA 等，加强与其他国家、地区的深入合作，形成更均衡和多元化的国际循环体系。

专栏 10-12 RCEP

区域全面经济伙伴关系协定（Regional Comprehensive Economic Partnership，RCEP）是 2012 年东盟发起，由包括中国、日本、韩国、澳大利亚、新西兰和东盟 10 国共 15 方成员制定的自由贸易协定。

RCEP 历时八年谈判，2020 年 11 月 15 日，第四次区域全面经济伙伴关系协定领导人会议以视频方式举行，会后东盟 10 国和中国、日本、韩国、澳大利亚、新西兰共 15 个亚太国家正式签署了 RCEP。RCEP 的签署，标志着当前世界上人口最多、经贸规模最大、最具发展潜力的自由贸易区正式启航。2021 年 1 月 1 日，RCEP 生效，涵盖约 35 亿人，GDP 总和达 23 万亿美元，占全球总量的 1/3，所涵盖区域成为世界最大的自由贸易区。

RCEP 是一个现代、全面、高质量、互惠的大型区域自贸协定。RCEP 协定由序言、20 个章节（包括初始条款和一般定义，货物贸易、原产地规则，海关程序和贸易便利化，卫生和植物卫生措施，标准、技术法规和合格评定程序，贸易救济，服务贸易，自然人临时流动，投资，知识产权，电子商务，竞争，中小企业，经济技术合作，政府采购，一般条款和例外，机构条款，争端解决，最终条款章节）、4 个市场准入承诺表附件（包括关税承诺表、服务具体承诺表、投资保留及不符措施承诺表、自然人临时流动具体承诺表）组成。

RCEP 是区域内经贸规则的"整合器"。RCEP 整合了东盟与中国、日本、韩国、澳大利亚、新西兰多个"10+1"自贸协定，以及中国、日本、韩国、澳大利亚、新西兰 5 国之间已有的多对自贸伙伴关系，还在中日和日韩间建立了新的自贸伙伴关系。RCEP 通过采用区域累积的原产地规则，深化了域内产业链、价值链；利用新技术推动海关便利化，促进了新型跨境物流发展；采用负面清单推进投资自由化，提升了投资政策透明度，促进区域内经贸规则的优化和整合。

自由贸易区的建成是我国实施自由贸易区战略取得的重大进展，将为我国在新时期构建开放型经济新体制，形成以国内大循环为主体、国内国际双循环相互促进的新发展格局提供巨大助力。RCEP 成为新时期我国扩大对外开放的重要平台。我国与 RCEP 成员贸易总额约占我国对外贸易总额的 1/3，来自 RCEP 成员的实际投资占我国实际吸引外资总额比重超过 10%。RCEP 一体化大市场的形成将释放巨大的市场潜力，进一步促进区域内贸易和投资往来，这将有助于我国通过更全面、更深入、更多元的对外开放，进一步优化对外贸易和投资布局，不断与国际高标准贸易投资规则接轨，构建更高水平的开放型经济新体制。

第五节　完善政府监管形式，推动制造业跨越式发展

一、促进政府监管改革，应对新工业革命新兴治理挑战

（一）完善数字法治政府建设，让数字科技赋能制造业发展

一是搭建专门化数字平台。革新技术手段，强化协同联动，依托移动支付、人脸识别等技术，解决跨地区、跨部门、跨层级、跨领域的互联、共享、协同等一系列问题。推进行政执法平台建设，通过数据平台汇聚执法数据，深化行政执法体制改革，推动行政执法重心下移。二是充分发挥科技在数字法治政府建设中的支撑作用，运用数字化技术辅助行政活动。将数字化技术充分嵌入行政决策、行政立法、行政执法等行政活动全过程。三是加强大数据分析技术、挖掘技术、处理技术和应用技术的实践，通过

大数据所凸显的相关关系，推动治理由粗放化转向精准化，提升行政管理效率和政务服务质量。

专栏 10-13　韩国的数字政府建设经验

在过去的 20 年里，韩国致力于建立并运营先进的数字政府，已经得到了广泛认可。韩国在 2022 年联合国电子政务发展指数中排名全球第三、亚洲第一，其在 ICT 基础设施、公共数据开放和政府创新方面处于世界领先地位。韩国数字政府建设经历了如下五个阶段。

启动期（1979—1995 年）。20 世纪 70 年代后期，韩国政府开始推进行政业务的电算化，80 年代中期投入 2 亿美元启动"国家基础信息系统工程"，该工程覆盖了韩国政府的多个领域，促使政府简化了诸多办事流程，使公民能够不受时间、地域的限制获取各种文件，政府的办事效率得到提升。

基础期（1996—2000 年）。1996 年，韩国政府出台《促进信息化基本法》，为推进韩国政府各部门之间信息化发展提供了法律保障，投资 1313 亿美元建设"韩国信息基础设施工程"，在大力发展基础设施的同时，建立相应的社会、文化环境，开启了政府在国家生活中扮演单纯提供信息角色的数字政府 1.0 时代。

成长期（2001—2007 年）。数字政府特别委员会提出了 11 项数字政府的任务，建立了"一站式"的电子政务门户网站，向公众提供在线服务。

数字政府 2.0 时期（2008—2012 年）。韩国政府开始使用 Web2.0 技术，发布的《国家信息化基本规划》和《国家信息化实施规划（2009—2012）》，部署了电子政务发展方向和具体的实施计划，数字政府 2.0 时期政府角色表现为限制性地公开信息和参与民众互动。

数字政府 3.0 时期（2013 年—至今）。2013 年 6 月，韩国政府根据建设透明的政府、有能力的政府、服务型政府的理念，宣布实施数字政府

3.0，启动了数字政府建设的新范式[①]。

（二）筑牢数字法治政府建设制度保障，让数字法治政府为制造业发展保驾护航

一是建立完善的信息技术应用创新保障服务体系，加强对关键信息基础设施的保护，严格落实运营者责任。针对不断涌现的新技术、新应用，开展全面安全评估工作，消除隐藏的安全隐患。建立健全的算法审核、运用和监督的管理制度和技术措施，确保算法的安全性和合规性。二是从制度层面保障数字法治政府建设，建立健全的人工智能、大数据等技术手段的治理规则。针对信息不对称、尚处于探索阶段的新模式与新业态，采取包容性监管原则，积极创新监管模式。同时，动态追踪该领域的发展态势，确保监管制度及时调整。

（三）邀请公众参与共同治理，形成多元主体监管合力

一是采取"包容性监管""审慎性监管"或者"包容审慎监管"的政府监管措施。面对数字法治政府建设进程中存在的负面影响，吸纳多元主体协同参与监管，依据不同主体的职能差异、性质区别和资源不同，有针对性地分配监管角色，进而形成监管合力。二是改革创新社会组织管理制度，激发社会活力，鼓励社会力量参与到社会治理和公共服务中。大力培育社会组织，尤其是社区组织，使其成为社区服务供给的主力军、公众参与社区发展的重要平台和履行公共责任的载体。三是推动公众有效参与社会治理。联合社区、社会组织、社群组织和企业等多方力量，挖掘各自潜力和优势，实现多部门协同合作，充分激发群众参与社会治理的积极性，形成共建共治共享的社会治理格局。

[①] 陈畴镛. 韩国数字政府建设及其启示[J]. 信息化建设，2018, (6): 30-34.

二、科学谋划政府应对策略,合理引导制造业规范与安全发展

(一)强化数字政府安全管理责任,守好技术"安全关"

一是继续加强数字政府安全监督管理职责。各部门各单位明确职责分工,统筹做好数字政府建设安全工作。加强对参与政府信息化建设与运营企业的规范管理,明确政务系统和数据安全管理的界限。二是完善数据分类分级保护、风险评估、安全审计、检测认证等制度,加强数据全生命周期安全管理和技术防护。加大对涉及国家秘密、商业秘密、个人隐私等重要数据的保护力度。完善相关问责机制,依法加强重要数据出境安全管理。

专栏 10-14　美国的数字政府建设经验

美国数字政府建设先后经历了五个阶段。克林顿执政期间的基础设施建设阶段(1993—2001 年)、小布什执政期间的部门业务电子化阶段(2002—2008 年)、奥巴马执政期间的开放政府计划阶段(2009—2016 年)、特朗普执政期间的现代化数字政府建设阶段(2017—2020 年)和拜登执政期间的数字政府建设新阶段(2021 年—至今)。

美国数字政府建设战略与国家的数字战略同步发展。克林顿在任内高度重视并大力发展信息技术,推动建设先进信息基础设施,数字政府的建设工作此时以建设信息基础设施为着力点,实现了网络化部署,这一阶段为数字政府部门工作的线上运行奠定了基础。

小布什在此基础上继续发挥数字基础设施建设的引领作用,2002 年,白宫管理与预算办公室公布了《电子政府战略——简化面向公民的服务》,系统梳理了政府部门的公共服务数字化能力建设思路。

奥巴马继任后,加大了对数字战略的推进力度,先后布局云计算、大数据、先进制造、5G、量子通信等前沿领域,推动移动互联网、人工智能、区块链等为代表的新一代信息技术快速发展,同时也加快了先进技术

的应用进程。2012 年，美国《数字政府战略》真正意义上从技术视角提出"建设一个 21 世纪的数字政府，利用数字技术改变人民的生活"，正式拉开了政府履职能力的转变历程。

特朗普执政期间，全球信息技术产业蓬勃发展，中国、欧盟、英国、日本等国家和地区纷纷加快信息基础设施建设，提升数字经济产业竞争力，优化数字战略布局。为应对来自其他国家的挑战，特朗普执政以来采取全面对抗策略，以维护美国数字技术和产业全球领先地位为重点，将人工智能、量子信息科学、5G、先进制造四大科技应用领域列为国家"未来产业"。在此期间，数字政府的建设工作也更加强调对数字经济的支撑作用。

拜登执政时期，拜登政府综合运用经济、外交、安全合作手段与工具，聚焦提升数字技术和科技领域的全球领导地位，压制与欧盟在传统数字治理领域的争议，同时协同跨大西洋和"印太战略"，积极利用 G7、欧盟等组织，增强美方在大数据、人工智能、5G、机器人、半导体等通用技术层面的规则话语权。2020 年 5 月，美国国际开发署（USAID）发布了美国第一份数字合作政策文件——《数字合作战略 2020—2024》，该战略宣称美国将延续数字领域的"全球领导力"作用，不让发展中国家掉队或被边缘化。该战略由 USAID 制定和执行，对数字发展合作领域具有特殊意义，一是反映美国对全球数字竞争的战略布局已从法律法规、国家数字战略等宏观层面纵向延伸至机构、领域、行动计划等微观层面，呈现出统筹兼顾、多举并重的战略特征。二是反映出对外援助是美国塑造霸权国家的角力场，而数字合作则成为美国打压他国、抢先树立全球数字绝对领导力的重要工具。特别值得注意的是，美国是新冠疫情后首个制定数字发展合作战略的传统对外援助国，其数字发展理念、规划布局等将对其他盟国产生影响。

（二）探索跨区域数据要素发展模式，走好技术"发展关"

一是积极推进区域创新体系与新一代信息技术的融合发展。通过成立机构或平台促进各界合作，加强信息与通信技术部门和相关设备生产部门、工厂等的密切合作，实现跨界融合和公私合作。二是探索网络化的平台发展模式，推动数据要素开放共享。加强公共服务领域重要信息系统安全保障，健全数据安全保护机制，提升重要数据和个人信息安全保护能力，强化数据跨境流动安全管理。同时，将各类创新主体连接，形成不同主体互动、共享、合作的平台网络。三是引导传统区域创新网络与移动互联网、物联网、大数据、云计算等新一代信息技术融合发展。通过串联各创新主体的数据资源，建立共建共享机制，以数据带动新兴技术突破发展。

（三）健全跨部门数据协同监督机制，应对技术"风险关"

一是厘清各安全监管部门与单位的安全职责，强化技术和数据管理部门在网络安全监督方面的协同联动。完善政府数据安全评估体系，提升政府数据安全防护能力。明确数据安全工作中的责任归属，建立重大事件应急处理机制。进一步规范企业参与政务信息化建设，加强项目外包流程控制，强化供应链安全管理。二是加强安全可靠技术的研发和产品应用，提升自主可控能力。推动国产软件的示范应用。推进政务信息系统适配开发、改造与迁移。

后记

本书是中国电子信息产业发展研究院 2023 年度重大软科学研究课题成果之一，是课题组全体研究人员与出版社工作人员共同创造的成果。本书包括前言、绪论和十个章节，由中国电子信息产业发展研究院副院长张小燕担任项目负责人，指导课题研究工作；由潘文所长担任项目执行负责人，牵头课题撰写工作；由刘洋副所长、侯雪副所长担任项目协调人，负责课题协调工作。其中，前言、绪论由潘文撰写；第一章由潘文、张学俊撰写；第二章由袁素雅、吴极撰写；第三章由王桢寅、张学俊撰写；第四章由李鑫撰写；第五章由侯彦全撰写；第六章由牛晓靓、陈曦撰写；第七章由张学俊、高怡欣撰写；第八章由李昀撰写；第九章由李鑫、王惠桐撰写；第十章由朱帅、耿子宁撰写。

在本书的研究、撰写过程中得到了工业和信息化部国际合作司、中国电子信息产业发展研究院软科学处等部门的大力支持，洪晓东、滕飞、李希义、吕本富、盛朝迅、曹明弟等多位智库、高等院校、行业和企业专家为本书提出了许多宝贵的意见和建议，在此表示衷心的感谢。

本书的出版离不开电子工业出版社的鼎力帮助，在此深表感谢。

由于水平有限，本书中的不足在所难免，敬请广大读者包涵和批评指正。